T0209500

essentials

essentials liefern aktuelles Wissen in konzentrierter Form. Die Essenz dessen, worauf es als „State-of-the-Art" in der gegenwärtigen Fachdiskussion oder in der Praxis ankommt. *essentials* informieren schnell, unkompliziert und verständlich

- als Einführung in ein aktuelles Thema aus Ihrem Fachgebiet
- als Einstieg in ein für Sie noch unbekanntes Themenfeld
- als Einblick, um zum Thema mitreden zu können

Die Bücher in elektronischer und gedruckter Form bringen das Fachwissen von Springerautor*innen kompakt zur Darstellung. Sie sind besonders für die Nutzung als eBook auf Tablet-PCs, eBook-Readern und Smartphones geeignet. *essentials* sind Wissensbausteine aus den Wirtschafts-, Sozial- und Geisteswissenschaften, aus Technik und Naturwissenschaften sowie aus Medizin, Psychologie und Gesundheitsberufen. Von renommierten Autor*innen aller Springer-Verlagsmarken.

Vittoria von Gizycki

Augmented Reality im Marketing

Kundenerlebnisse entlang der Customer Journey schaffen

 Springer Gabler

Vittoria von Gizycki
Berlin, FG Wirtschaft Technik
Hochschule für Wirtschaft und Recht
Berlin, Deutschland

ISSN 2197-6708   ISSN 2197-6716 (electronic)
essentials
ISBN 978-3-658-42176-2   ISBN 978-3-658-42177-9 (eBook)
https://doi.org/10.1007/978-3-658-42177-9

Die Deutsche Nationalbibliothek verzeichnet diese Publikation in der Deutschen Nationalbibliografie; detaillierte bibliografische Daten sind im Internet über http://dnb.d-nb.de abrufbar.

Planung/Lektorat: Rolf-Günther Hobbeling
Springer Gabler ist ein Imprint der eingetragenen Gesellschaft Springer Fachmedien Wiesbaden GmbH und ist ein Teil von Springer Nature.
Die Anschrift der Gesellschaft ist: Abraham-Lincoln-Str. 46, 65189 Wiesbaden, Germany

Das Papier dieses Produkts ist recyclebar.

Was Sie in diesem *essential* finden können

- einen systematischen Überblick über AR-Anwendungen
- kaufphasenorientierte Einsatzmöglichkeiten von AR
- Beispiele und Benchmarks

Vorwort

Das Thema AR hat sich über die Jahre immer weiterentwickelt und ist immer interessanter geworden. Neben einer permanenten Verfolgung der relevanten Veröffentlichungen und Anwendungen sind es aber nicht zuletzt Personen gewesen, die mich immer wieder inspiriert und unterstützt haben, die zum Gelingen dieser Veröffentlichung beigetragen haben und denen ich ausdrücklich meinen Dank aussprechen möchte.

Zunächst gilt mein Dank Kevin Prösel, der durch seine Expertise und seinen Enthusiasmus das Thema nicht nur in mein Bewusstsein gebracht hat, sondern immer wieder neue Möglichkeiten und Weiterentwicklungen aufzeigte. Seine Überzeugung, dass das Thema eine immer größere Relevanz bekommen würde – was sich auch bewahrheitet hat –, hat auch mich motiviert, mich intensiver damit auseinanderzusetzen. Nicht zuletzt leistete er wertvollen inhaltlichen Input.

Für ihre kenntnisreiche und vielfältige Zuarbeit danke ich Wilasnee Pengkam, ohne deren Unterstützung ich die umfangreiche Literatur nicht hätte recherchieren können. Darüber hinaus geht mein Dank an all die Studierenden, die sich im Laufe der Zeit mit den Themen rund um AR beschäftigt haben, sei es in Präsentation, Diskussionen, Seminararbeiten oder Masterarbeiten. Ohne ihren Input, ihre oft andere Perspektive, ihr Wissen und ihre Erkenntnisse wäre diese Veröffentlichung nicht möglich gewesen.

Berlin Prof. Dr. Vittoria von Gizycki
Februar 2023

Hinweis

Im Folgenden wird aus Gründen der besseren Lesbarkeit das generische Maskulinum verwendet. Weibliche und andere Geschlechteridentitäten werden dabei ausdrücklich gleichermaßen angesprochen, soweit es für die Aussage erforderlich ist. Um dennoch das Bewusstsein dafür zu schärfen, werden gelegentlich die weibliche und männliche Form verwendet.

Einleitung

Als am 16.07.2016 das Unternehmen Niantec das Spiel ‚Pokemon Go' auf den Markt brachte – die deutsche Markteinführung folgte einen Monat später –, war dies das erste massenkompatible Beispiel für den Einsatz von Augmented Reality und so erfolgreich, dass innerhalb der ersten drei Monate ein Umsatz von 470 Mio. US$ erwirtschaftet wurde (Wagner-Greene et al., 2017). Gruppen von Kindern und Jugendlichen, die auf der Straße auf der Suche nach nur für sie sichtbare Pokémons waren, immer ihre Smartphones vor Augen, veränderten den Blick auf diese Technologie, die die reale Welt mit digitalen Elementen – in diesem Fall Pokemons – anreichert. Eine Nischentechnologie war dadurch auf dem Weg sich zu einem gängigen und marktfähigen Tool zu entwickeln. Im Laufe der Zeit folgten zahlreiche weitere Anwendungen, nicht nur im Bereich der Games, sondern auch bei Anwendungen mit ganz konkretem praktischen Nutzen für die Anwender und Anwenderinnen, wie zum Beispiel bei Apps in der Möbelbranche wie Ikea.

Dies lässt sich ebenso gut am Gartner Hype Cycle ablesen, in dem Augmented Reality zum ersten Mal im Jahr 2005 auftauchte. Der Gartner Hype Cycle beschreibt grafisch die Veränderungen im Zeitablauf, die eine neue Technologie von anfänglicher Begeisterung bis zu einer produktiv nutzbaren Lösung durchläuft. Die AR-Technologie durchlief im Laufe der Jahre sämtliche Phasen des Hype Cycles. Im Jahr 2019 war Augmented Reality dann nicht mehr im Gartner Hype Cycle vertreten (vgl. Abb. 1). Die Technologie hatte sich – u. a. durch ‚Pokemon Go' – von einer innovativen Neuheit zu einer allgemein akzeptierten Anwendung entwickelt. Unterschiedlichste Unternehmen und Institutionen hatten inzwischen die Möglichkeiten der Technologie entdeckt und umgesetzt.

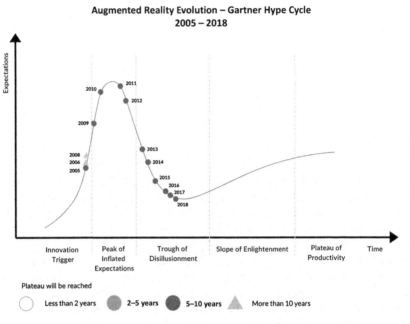

Abb. 1 Augmented Reality Evolution im Gartner Hype Cycle (Herdina, 2020)

Augmentierte Printanzeigen, virtuelle Anproben, Produktionsunterstützung, spezielle E-Learning Angebote – in vielen Bereichen ließ und lässt sich die Realität entsprechend erweitern.

Trotz der inzwischen deutlich gewordenen Bedeutung von Augmented Reality gibt es nur wenige systematische Einordnungen seiner verschiedenen Anwendungsbereiche. Oft wird der Produktionsaspekt oder die Anwendung im Gaming-Bereich betrachtet oder der Einsatz für Ausbildungs– und Weiterbildungszwecke hervorgehoben. Betrachtet man die Anwendung im Marketing-Bereich, so wird deutlich, dass hier zwar eine Vielzahl von Beispielen existiert, sie aber nicht systematisch den Marketingzielen und Anwendungsbereichen zugeordnet werden oder dies eher oberflächlich geschieht (Wikitude, 2022).

Diese Lücke soll diese Veröffentlichung schließen. Als Grundlage wird hier die Customer Journey verwendet, die eine systematische Einordnung verschiedener Augmented Reality Anwendungen ermöglicht. So wird deutlich, welche Anwendung eher der Brand Awareness dient, während andere konkret in der

Entscheidungs- und Bewertungsphase von Alternativen ihren Platz finden. Die Übersicht erhebt keinen Anspruch auf Vollständigkeit, sondern versucht aufzuzeigen, welche Vielfalt bei der Technologie bereits herrscht. Sie bezieht sich aber ausdrücklich nur auf den kundenorientierten Marketing-Bereich zur Unterstützung des Kaufprozesses, während Augmented Reality als Produkt an sich (zum Beispiel im Bereich Bildung und Gaming) nicht betrachtet wird. Die Zuordnung zu bestimmten Phasen der Customer Journey lässt sich auch nicht immer eindeutig bestimmen, da einzelne Anwendungen durchaus für verschiedene Phasen und damit verbunden auch unterschiedliche Ziele genutzt werden können. Hier wird die Anwendung jeweils der Phase zugeordnet, in der sie hauptsächlich eingesetzt wird, um so die entsprechenden Marketingziele zu erreichen.

Im ersten Abschnitt des Buches wird demzufolge zunächst Augmented Reality definiert und abgegrenzt. Ebenso wird die Historie von AR kurz beleuchtet. Diese Betrachtung hängt eng zusammen mit den technologischen Möglichkeiten, um AR erlebbar und auf diese Weise einer großen Zielgruppe zugänglich zu machen – auch unabhängig von speziellen und teuren Devices. Zusätzlich zu den technischen Möglichkeiten werden auch die grundsätzlichen Einsatzmöglichkeiten vorgestellt.

Es folgt eine kurze Einführung in die Phasen des Kaufprozesses und den aktuellen Stand der Forschung zur Customer Journey. Im Hauptteil werden nach und nach die verschiedenen Phasen mit ihren AR-Einsatzmöglichkeiten vorgestellt. Dabei wird sowohl nach den verfolgten Marketingzielen und den aus Kundensicht relevanten Nutzenkomponenten unterschieden. Anhand von erfolgreichen Beispielen aus verschiedenen Branchen wird für jede Phase anschaulich aufgezeigt, wo Potenziale für den AR-Einsatz liegen. So ist dies auch für Praktiker ein lohnender Einblick, der die Vielfalt der Möglichkeiten dokumentiert und sie gleichzeitig in den Kundenkontext setzt. Hierbei wird sich auf den Bereich der privaten Konsumenten und Konsumentinnen beschränkt.

Die technologische Entwicklung ermöglichte es außerdem Unternehmen, die schon frühzeitig Augmented Reality für Marketingzwecke entdeckt haben, Erfahrungen zu machen und diese für zukünftige Projekte zu nutzen und permanent proaktiv zu verbessern. Dies wird anhand von zwei Use Cases für die Unternehmen Adidas und Lego aufgezeigt, die den inhaltlichen Abschluss bilden. Ein Ausblick auf den den derzeitigen Technologietrend Metaverse weist auf den nächsten Schritt der Entwicklung hin.

Inhaltsverzeichnis

Augmented Reality – Begriff und Entwicklung

1

1.1 Definition und Abgrenzung

Im Zusammenhang mit virtuellen Technologien existieren zahlreiche Begriffe wie Augmented Reality, Augmented Virtuality, Mixed Reality, Extended Reality u. a., die verschiedene Aspekte und Grade der Virtualität beschreiben (Dodevska & Mihić, 2018). Daher muss zunächst der Begriff Augmented Reality definiert und abgegrenzt werden.

Um zwischen AR und virtueller Realität zu unterscheiden, haben Milgram et al. (1994) ein Kontinuum erstellt, in dem reale und virtuelle Umgebungen an dessen entgegengesetzten Enden stehen. AR erweitert die Realität mit virtuell simulierten Objekten (Milgram et al., 1994). Im Gegensatz dazu fügt Augmented Virtuality dem Virtuellen reale Objekte hinzu, und VR ersetzt die physische Umgebung durch eine immersive synthetische Umgebung (Van Krevelen & Poelman, 2010). An einem Ende des Kontinuums befindet sich die reale physische Welt, die wir mit unseren fünf Sinnen erfahren können. Am anderen Ende befindet sich die vollständig virtuelle Welt. Alles dazwischen stellt die Mixed Reality dar, zu der Augmented Reality und Augmented Virtuality gehören (Milgram et al., 1994), siehe Abb. 1.1.

Zusammenfassend gilt also folgende Definition:

▶ **Definition Augmented Reality** Augmented Reality ist eine Verbindung zwischen der virtuellen und der realen Umgebung (Han & Jung, 2018), bei der computergenerierte Inhalte in Form von dreidimensionalen Bildern, Objekten oder Informationen in die reale Welt integriert werden (Poushneh, 2018).

Auf diese Weise werden die generierten virtuellen Inhalte Teil der natürlichen physischen Szenerie und erweitern so die Realität (Lu & Shana, 2007).

V. von Gizycki, *Augmented Reality im Marketing*, essentials,
https://doi.org/10.1007/978-3-658-42177-9_1

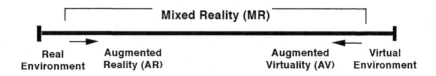

Abb. 1.1   Milgram Kontinuum (Milgram et al., 1994)

Die Ausgabe erfolgt entweder über Applikationen auf einem Bildschirm, auf Mobilgeräten oder über Augmented-Reality-Brillen, die die virtuellen mit den physischen Informationen im Sichtfeld des Nutzers verschmelzen lassen oder sogenannte Head-Mounted-Displays, wie z. B. Microsofts Hololens (Ro, Brem, & Rauschnabel, 2018). Somit ermöglicht diese interaktive Technologie dem Benutzer, sowohl die reale Welt als auch die sie überlagernden virtuellen Inhalte in Echtzeit zu sehen.

1.2   Entwicklung von Augmented Reality

Augmented Reality ist kein neues Phänomen. Tatsächlich geht die erste Form von AR auf das Jahr 1957 zurück (Karimi, 2004). Damals erfand der Erfinder und Kameramann Morton Heilig die erste Form von AR und VR, die sogenannte Sensorama-Maschine (Wade, 2015). Die Sensorama-Maschine war ein Simulator, der eine Illusion der Realität unter Verwendung eines 3-D-Films mit Geruch, Stereoton, Vibrationen und Wind erzeugte. Die Maschine war nicht computergesteuert, war aber der erste bekannte Versuch, einem Erlebnis zusätzliche Daten hinzuzufügen, die die Schlüsselfunktionalitäten von AR und VR widerspiegeln (Mandal, 2013).

1968 wurden in Harvard und der University of Utah die ersten Head Mounted Displays entwickelt (Bonetti et al., 2017). Die grundlegende Funktion von HMD bestand darin, dem Benutzer ein perspektivisches Bild zu präsentieren, das sich ändert, wenn sich der Benutzer bewegt. Das Gerät simulierte visuell eine 3D-Umgebung und wird als der eigentliche Beginn von AR angesehen.

AR wurde schließlich in den 1990er Jahren als eigenständiges Forschungsgebiet etabliert, als Fortschritte bei der Computerhardware zu bezahlbareren Computersystemen führten, die in der Lage waren, digitale Inhalte in Form von überzeugenden Echtzeitgrafiken wiederzugeben (Petruse & Bondrea, 2014).

Im Jahr 1992 entwickelte und baute Louis Rosenberg von den USAF Armstrong Labs das erste computergenerierte immersive Augmented-Reality-System namens Virtual Fixtures, das die Überlagerung sensorischer Informationen auf einem Arbeitsplatz ermöglichte, um die menschliche Produktivität zu verbessern (Rosenberg, 1992).

AR erregte erstmals die Aufmerksamkeit der interessierten Öffentlichkeit, als 2013 die sogenannte Google Glass entwickelt wurde. Diese Brille stellt ein HMD -Gerät in Form einer Brille dar, mit der sich Anwendungen und Webseiten in AR betrachten lassen. Auch Microsoft hat seine Version von 3D-Brillen mit AR-Technologie, die sogenannte „HoloLens", auf den Markt gebracht, ein HMDAR-Gerät, das auf dem Kopf getragen wird (Arena et al., 2022).

Während sich AR mit verschiedenen Geräten wie der Microsoft HoloLens für die breite Masse auch aufgrund des Preises nur zögernd durchsetzte, erfolgte der Durchbruch mit der Integration von AR in mobilen Geräten, insbesondere Smartphones. So ist der Boom der mobilen AR („MAR") ein relativ junges Phänomen, das durch die schnelle Verbreitung und Weiterentwicklung der Mobiltechnologie vorangetrieben wurde und wird (Bonetti et al., 2018; Caboni & Hagberg, 2019). Heutzutage werden immer mehr neue Smartphones mit AR-Fähigkeit auf den Markt gebracht und mit computergenerierten MAR-Komponenten angereichert (Javornik, 2016; Qin et al., 2021). Durch die mobile Kamera können Kunden mit digitalen Inhalten in einer realen Umgebung interagieren und z. B. auf neuartige Weise hilfreiche Informationen über das Produkt erhalten. Daher hat MAR aufgrund seiner Bequemlichkeit und Verfügbarkeit eine erhebliche Popularität erlangt. Studien deuten darauf hin, dass sich MAR als Mainstream-Methode zur Bereitstellung von AR-Erlebnissen herausstellen und weiterhin im Mittelpunkt der AR-Entwicklung stehen wird (Dacko, 2017; Riar et al., 2022).

1.3   Augmented Reality Technologien

Während sich bezüglich der Anwendungsform AR in MAR & HMDAR unterscheiden lässt, ist für den Nutzer und die Nutzerin in der Wahrnehmung zunächst kein Unterschied auszumachen. Dahinter stehen aber verschiedene Arten von Technologien, die jeweils unterschiedliche Ziele verfolgen und für unterschiedliche Anwendungen geeignet sind (Arena et al., 2022).

Es existieren:

* Marker-basierte AR
* Nicht Marker-basierte/Location-basierte AR

- Auf Projektionen basierende AR
- Auf Überschneidungen basierende/Superimposition-basierte AR

Marker-basierte Technologie verwendet typischerweise eine Kamera, die mit einem Marker als reales visuelles Objekt gekoppelt ist. Auf diese Weise wird ein eindeutiges und spezifisches Ergebnis angezeigt. Anwendungen, die diese Technologie nutzen, verwenden einfache, unverwechselbare Markierungen, wie z. B. QR-Codes, da diese leicht erkannt werden können und keine besonderen Verarbeitungsfähigkeiten für die Erkennung erfordern. Diese Technologie wird oft als „Bilderkennung" bezeichnet (Arena et al., 2022).

Andererseits ist die markerlose Technologie die am häufigsten implementierte Technologie in Anwendungen, die AR verwenden. In diesen Fällen werden Tools wie GPS, ein digitaler Kompass, Geschwindigkeitsmesser oder Beschleunigungsmesser, die in das elektronische Gerät integriert sind, verwendet, um Daten, basierend auf der räumlichen Position, bereitzustellen. Diese Anwendung wird auch „nach Standort", „Geolokalisierung" oder Location-basierte AR genannt. Es wird häufig für die Adresszuordnung und zum Auffinden einer bestimmten Adresse verwendet (Arena et al., 2022).

Die Anwendungen, die die Projektionstechnik nutzen, verwenden stattdessen reale Objekte, deren Projektion von künstlichem Licht berücksichtigt wird. Anwendungen, die auf dieser Art von Technologie basieren, ermöglichen menschliche Interaktion, indem sie Licht auf eine Oberfläche in der realen Welt senden und dann den menschlichen Kontakt mit diesem projizierten Licht registrieren. Eine Interaktion mit dem Benutzer findet statt, wenn es einen Unterschied zwischen der erwarteten Projektion und der tatsächlichen Projektion gibt. Ein Benutzer verursacht letztere. Bei dieser Art von AR verursacht das Fehlen der Verwendung eines Markers die Notwendigkeit größerer Rechenleistung. Daher werden Geräte mit größerer Verarbeitungsleistung benötigt, um die AR-Erfahrung voll erleben zu können (Arena et al., 2022).

Schließlich existiert noch die auf Überlappung basierende AR-Technologie, auch Superimposition-basierte AR genannt. Diese Anwendung ersetzt teilweise oder vollständig die reale Ansicht, indem sie ein Objekt mit einer vergrößerten Ansicht desselben Objekts überlagert. Beim AR-Overlay ist die Objekterkennung von entscheidender Bedeutung, da die Anwendung die ursprüngliche Ansicht nicht durch eine erweiterte ersetzt, wenn sie das Objekt nicht bestimmen oder erkennen kann (Arena et al., 2022).

Für den Kunden hat die zugrundlegende Technologie nur insofern Auswirkungen, als dass bei marker-basierter AR ein Gerät verwendet werden muss, das in der Lage ist, den Marker zu erkennen. Da das im Regelfall über die Kamera erfolgt, ist nur die genaue Ausrichtung der Kamera auf den Marker notwendig, und die Anwendung unterscheidet sich aus Kundenperspektive so kaum von markerlosen Technologien. Eine weitere Unterscheidung lässt sich hinsichtlich der genutzten zugrunde liegenden Plattform treffen. Abb. 1.2 zeigt übersichtlich die verschiedenen Möglichkeiten.

Die **Native AR-Apps** sind – wie der Name schon sagt – eigenständige Apps, die ein AR-Erlebnis vermitteln. Sie basieren auf dem jeweiligen Framework, das es Entwicklern ermöglicht, Apps direkt mit AR-Elementen auszustatten. Apple startete mit ARKit 2017 und machte so seine neuen Mobilgeräte AR-fähig. Google zog schon im selben Jahr mit ARCore für Android nach. Ein Beispiel für eine native AR-App ist die „My Premium Austrian Economy" App der Austrian Airlines zur Visualisierung der Annehmlichkeiten in der Premium Economy-Class. Der Zugang erfolgt nicht über die Website der Austrian Airlines, sondern existiert als eigenständige App, die über keine weiteren Funktionen verfügt.

In der **Web-basierten AR-Anwendung** werden im Rahmen der jeweiligen Programmiersprache AR-Elemente eingefügt. Dies kann im Rahmen des allgemeinen Webauftritts erfolgen oder eine eigene Anwendung sein. So kann die Web-AR in verschiedene Zusammenhänge eingebettet werden und inhaltlich an der passenden Stelle aufgerufen werden. Darüber hinaus existieren Möglichkeiten, Web-AR in das Betriebssystem zu integrieren. Ein Beispiel hierfür wäre das Scannen eines QR-Codes, der auf eine Webseite verweist. Der Inhalt kann dann in 3D auf dem Bogen einer ebenen Fläche dargestellt werden.

Die dritte Alternative der unterschiedlichen Plattformen für AR stellt die Social Media AR-Anwendung, also **Social AR** dar. Die jeweilige Social Media-Plattform bietet die Möglichkeit, AR-Elemente zu integrieren. Unternehmen können durch gebrandete Filter einen Kommunikationspunkt zwischen der Marke und der Zielgruppe, d. h. potenziellen Kunden kreieren. Hierbei spielt der Communitygedanke eine große Rolle, da bei entsprechender Wirkung eine Weiterverbreitung der Filternutzung erfolgen kann.

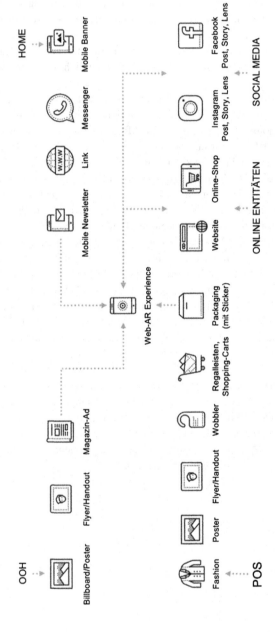

Abb. 1.2 AR-Anwendungen über verschiedene Plattformen (Prösel, 2023)

Augmented Reality in der Customer Journey

2

Wenn sich für ein Unternehmen die Frage stellt, ob in eine Augmented Reality-Anwendung investiert werden sollte, ist es wichtig, die Kundenperspektive einzunehmen. Nur wenn die AR für den Kunden einen zusätzlichen Nutzen bietet, wird er sie als positiv und bereichernd wahrnehmen und anwenden. Die Wirkung kann sich direkt in höheren Erlösen und/oder niedrigeren Kosten niederschlagen oder indirekt auf die Marke einzahlen – die Markenbekanntheit erhöhen oder auch Markenwerte kommunizieren. Daher bietet sich eine systematische Betrachtung des Kaufentscheidungsprozesses aus Kundensicht zur Entscheidungsunterstützung an.

Als Grundmodell dieser Perspektive ist die Betrachtung der Customer Journey über die verschiedenen Phasen des Kaufprozesses gut geeignet. In der Literatur wird die Customer Journey als eine Reihe von Kontaktpunkten, sogenannten Touchpoints, definiert, auf die Kunden im Verlauf ihres Kaufprozesses stoßen und mit denen sie in verschiedener Form interagieren (Jaakkola & Terho, 2021, Becker & Jaakkola, 2020; Lemon & Verhoef, 2016). Die einfache Phasenbetrachtung wird so um die Touchpoints ergänzt, die aufzeigen, wo und in welcher Form der Kunde in Kontakt mit der Marke, dem Produkt oder dem Unternehmen kommt.

In den heutigen Märkten werden Customer Journeys zunehmend komplexer, da die Digitalisierung die Entstehung zusätzlicher Kanäle beschleunigt hat (Sousa & Voss, 2006; Edelman & Singer, 2015). So sind auch nicht alle Touchpoints vom Unternehmen direkt zu steuern. Dennoch sind es naturgemäß die digitalen Touchpoints im Rahmen der Customer Journey, die sich zur Implementierung von Augmented Reality-Anwendungen eignen.

© Der/die Autor(en), exklusiv lizenziert an Springer Fachmedien Wiesbaden GmbH, ein Teil von Springer Nature 2023
V. von Gizycki, *Augmented Reality im Marketing*, essentials,
https://doi.org/10.1007/978-3-658-42177-9_2

Abb. 2.1 Das 5-Phasenmodell der Kaufentscheidung (Kotler & Keller, 2016)

In der wissenschaftlichen Diskussion wurden vor allem Aspekte der Technologieakzeptanz von AR durch den Anwender betrachtet (z. B. Chen et al., 2021). Betrachtet man demgegenüber die Kundenperspektive über den gesamten Kaufprozess, so lassen sich lediglich allgemeine Übersichten aus der Praxis finden, die eine Systematisierung entlang der Customer Journey zum Gegenstand haben (Stenina, 2022; Snap, 2022), die aber nicht alle Phasen berücksichtigen. Auch Literatursynapsen bestätigen den Eindruck einer eher spezifischen Auseinandersetzung mit dem Thema als der einer überblicksartigen Darstellung der Fülle der konkreten Applikationen[1].

2.1   Phasen der Customer Journey

Die Grundlage für die Betrachtung der Customer Journey ist der Kaufprozess des Konsumenten. Laut Kotler und Keller besteht er aus den 5 Phasen: der Problemerkennung, der Informationssuche, der Bewertung der Alternativen, der Kaufentscheidung und dem Nachkaufverhalten (Abb. 2.1).

Der Kaufprozess startet mit dem **Erkennen eines Problems** oder dem Wunsch nach Bedürfnisbefriedigung. Dies kann durch interne Prozesse wie z. B. Hunger und Durst beim Käufer geschehen, aber auch durch Stimuli, die vom Anbieter an den Touchpoints gesetzt werden. Die Problemerkennung knüpft dabei an vorhandene Bedürfnisse an, die durch Touchpoints geweckt werden können und so zu konkreten Bedarfen werden können. So kann ein kreativer Instagram-Filter einer Marke bei einem Influencer dazu führen, dass ein Nutzer nicht nur den Filter herunterlädt und selbst verwendet, sondern dadurch auch an die Produkte dieser Marke erinnert wird oder sogar erstmalig auf diese Weise mit der Marke in Kontakt kommt. Der konkrete Bedarf entwickelt sich dann erst später, wenn z. B. eine Neuanschaffung ansteht. Die Marke ist aber im Kopf der Käufer bereits verankert.

---

[1] Eine Übersicht über den Stand der Forschung im Retailbereich lässt sich bei Chen et al. (2021) finden.

Interessenten suchen in der Phase der **Informationssuche** gezielt nach den für sie relevanten Informationen. Das bedeutet nicht, dass alle Informationen für jeden Interessenten oder jede Interessentin komplett vorliegen müssen, sondern jeweils kunden- und/oder kundengruppenspezifisch zur richtigen Zeit die passenden Informationen am richtigen Ort und damit am richtigen Touchpoint verfügbar sein müssen.

Je nach Produkt kann außerdem die Phase der Informationssuche mit der der **Informationsverarbeitung und -bewertung,** also der Bewertung der Leistung, zeitgleich stattfinden. Informiert sich der Kunde auf der Website oder schaut er sich die Ware im stationären Handel an, finden beide Prozesse an diesem Touchpoint statt. Das Produkt wird gesucht und gefunden, die wichtigsten Merkmale werden geprüft. Dann geht es weiter zum nächsten Produkt, das ebenfalls kurz bewertet wird. Das ist beim Einkaufsbummel der Fall, aber ebenso beim Recherchieren auf der Website.

Daher ist es für Anbieter schwer, spezifische Touchpoints zu implementieren, die sich nur auf eine der beiden Phasen beziehen. Allerdings lässt sich bei verschiedenen Möglichkeiten des Einsatzes von AR durchaus eine Eignung für beide Phasen feststellen, sodass der Anbieter diese Phasen gemeinsam ansteuern kann.[2] Diese Phase endet mit dem Kauf.

Auf den Kauf folgt die **Nachkaufphase,** die in den letzten Jahren einen starken Bedeutungszuwachs erfahren hat. Kundenbindung erreicht nicht nur klare Kostenvorteile, sondern zusätzliche direkte und indirekte Erlöse (zum Beispiel durch Weiterempfehlung). In dieser Phase geht es also nicht nur darum, bei Schlechtleistung oder Nichtgefallen Lösungen anzubieten, sondern die Kundenbindung im Hinblick auf Up- und Cross-Selling zu stärken und durch entsprechende Touchpoints den Kundenkontakt nicht abbrechen zu lassen (zum Beispiel durch Bonusprogramme und Kundenclubs). Daher wird hier in die direkte Nachkaufphase und die nicht mehr direkt transaktionsbezogene **Bindungsphase** unterschieden, in der die Loyalität gestärkt und Nachfolgekäufe vorbereitet beziehungsweise initiiert werden sollten aus. Auch beim Einsatz von AR sollte daher in diese zwei Phasen nach dem Kauf unterschieden werden. Zunächst geht es um die vollständige Abwicklung der ursprünglichen Transaktion, während die Bindungsphase den Schwerpunkt auf die Vorbereitung von Folgetransaktionen legt (Abb. 2.2).

Die Phasen können sowohl im reinen E-Commerce komplett online durchlaufen werden als auch im klassischen stationären Kauf komplett vor Ort stattfinden.

---

[2] Vgl. Abschn. 3.3.2.

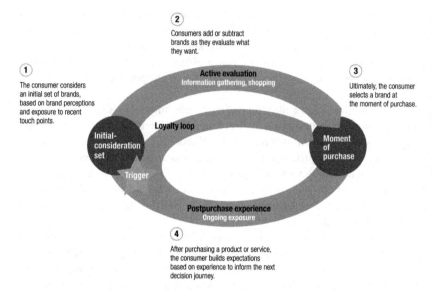

Abb. 2.2 The Consumer Decision Journey (Court et al., 2009)

Allerdings ist in der heutigen Informationsgesellschaft inzwischen von einer Verwendung von digitalen **und** analogen Touchpoints auszugehen. Dies kann sich je nach Produktkategorie deutlich unterscheiden. So finden Lebensmittelkäufe heutzutage überwiegend im stationären Handel statt, da es sich bei ihnen meist um habitualisierte Käufe mit niedrigem Involvement handelt. Doch auch hier findet eine Verlagerung in Online-Kanäle statt, indem Prospekte nicht mehr gedruckt, sondern nur noch digital angeboten werden (Campillo-Lundbeck, 2022).

Betrachtet man darüber hinaus den Kaufprozess und dessen Einteilung in unterschiedliche Phasen, so fällt auf, dass die klassischen Modelle von einer Trichterdarstellung ausgehen. Die Zahl der Alternativen verringert sich im Zeitablauf. Durch die digitalen Touchpoints hat sich auch die Trichterform des Entscheidungsprozesses verändert. Marken beziehungsweise Leistungen können auch in späteren Phasen noch dazu gefügt werden, weil sie zum Beispiel von Influencern erwähnt oder empfohlen werden.

Die Customer Journey mit ihren Phasen ist also als grundsätzliche Struktur zum Aufzeigen der Anwendungsmöglichkeiten von AR in systematischer Form geeignet. Ein Unternehmen sollte aber nicht davon ausgehen, dass es, sobald es z. B. durch die Möglichkeit der Platzierung des Produkts im Raum erfolgreich die Eignung des Produkts im Kopf der Kunden oder der Kundin platziert hat, in jedem Fall eine Kaufentscheidung zu seinen Gunsten erfolgt. Durch Call-to-Action-Elemente kann der Prozess vereinfacht und verkürzt werden, die Möglichkeit der Abwanderung bleibt aber stets bestehen. Deshalb ist eine ganzheitliche Betrachtung der Customer Journey notwendig.

2.2 Kundennutzen im Rahmen der Customer Journey

Ein Kauf wird nur dann getätigt, wenn die erworbene Leistung aus Kundensicht wertvoller ist als die damit verbundenen monetären und nicht-monetären Kosten. Dies gilt nicht nur für die konkrete Transaktion an sich: auch der gesamte Kaufprozess kann Spaß machen oder wichtige Erkenntnisse liefern, und das bereits in frühen Phasen. Der Nutzen kann also sehr unterschiedlich wahrgenommen werden und nicht nur die Leistung an sich umfassen, sondern auch die Freude an Erlebnissen im Laufe des gesamten Laufprozesses. Grundsätzlich lassen sich diese Nutzenarten in zwei unterschiedliche Kategorien unterteilen:

- den utilitaristischen Nutzen, der ganz praktisch und zweckorientiert eine Problemlösung bietet und
- den hedonistischen Nutzen, der den Spaßfaktor einer Leistung/eines Prozesses beschreibt.

Beides kann auch kombiniert werden. AR kann die utilitaristischen Nutzenelemente im E-Commerce verdeutlichen, indem Try-ons, also virtuelle Anproben durch AR, eingesetzt werden, um das Touch & Feel einer echten Anprobe oder eines realen Tests zu ersetzen. Durch den digitalen Kanal kann eine Qualitätsüberprüfung vor dem Kauf nicht stattfinden, sodass Ersatzgrößen dafür herangezogen werden müssen. Im stationären Handel kann dieser Nutzen sich im Wunsch nach Bequemlichkeit und Vereinfachung des Kaufprozesses äußern, indem ein Kleidungsstück nicht persönlich anprobiert werden muss. Auch hier steht hier der praktische Nutzen im Vordergrund.

Der hedonistische Nutzen betrachtet den Spaßfaktor beim Kauf. Dies kann bei AR zum Beispiel bedeuten, dass bestimmte Filter oder Gamification-Elemente eingesetzt werden, um den Prozess für den Nutzer und die Nutzerin spannender zu gestalten. Außerdem können auch im stationären Handel digitale Erlebniselemente dazu führen, dass der Einkauf Spaß macht.

Auch in der wissenschaftlichen Literatur lässt sich diese Einteilung der Nutzenelemente wiederfinden: Durch systematische Reviews fanden z. B. Riar et al.

(2022) heraus, dass die für AR charakteristische Technologie hedonistische und utilitaristische psychologische Ergebnisse hervorrufen kann, die eine positive Verhaltensabsicht fördern, AR zum Einkaufen zu verwenden oder wiederzuverwenden. Dies steht im Einklang mit den Ergebnissen der qualitativen Fallstudie von Grzegorczyk et al. (2019), die bestätigten, dass sowohl hedonistische als auch utilitaristische Aspekte der Benutzererfahrung eine entscheidende Rolle bei der Einführung von AR spielen.

So kann AR nützliche Werte schaffen, indem es den Nutzern ermöglicht, auf lebendige und immersive Weise virtuell mit einem Produkt zu interagieren. Dadurch können Verbraucher nützliche und relevante Informationen über das Produkt erhalten, um ihre Kaufentscheidung zu unterstützen. Außerdem fördern eine reibungslose Interaktion und eine hohe Augmentationsqualität auch die wahrgenommene Benutzerfreundlichkeit (Pantano et al., 2017).

Andererseits kann AR durch seinen Neuheitseffekt, die Fähigkeit, eine Flow-Phase zu erreichen und die spielerische Darstellung von Informationen in hoher Qualität und interaktiver Weise eben auch Freude bereiten (Pantano & Di Pietro, 2012; Pantano et al., 2017). Eine hohe ästhetische Qualität trägt auch zur Benutzerfreundlichkeit bei und schafft ein angenehmeres Nutzungserlebnis (Pantano et al., 2017). Und in ähnlicher Weise ermöglichen die interaktiven Funktionen von AR den Kunden, zusätzlich zur Produktinspektion und -bewertung virtuell mit dem Produkt zu „spielen" (Tsai et al., 2020). Hier werden dann also hedonistischer und utilitaristischer Nutzen durch AR verbunden. Da diese Trennung bei AR–Anwendungen nicht klar gezogen werden kann, wird auch auf eine entsprechende Unterteilung bei den folgenden Beispielen verzichtet.

2.3   Augmented Reality Anwendungen in der Customer Journey

In einer von Accenture durchgeführten Umfrage antworteten 47 % der Befragten, dass sie sich durch die Nutzung von AR mehr mit den Produkten verbunden fühlen. Darüber hinaus wird AR heutzutage nicht nur akzeptiert, sondern sogar gefordert, wie Hubspot ermittelt hat. 75 % der Kunden erwarten von den Einzelhändlern den Einsatz von AR (Boland, 2021). Hier zeigt sich, dass AR insgesamt ein hohes Potenzial in der gesamten Customer Journey hat. Da AR einerseits als abstraktes Tool wahrgenommen werden kann und vielen gar nicht bewusst ist, wie vielfältig die Anwendungsmöglichkeiten sind, andererseits eine Fülle verschiedenster Einsatzmöglichkeiten bereits existiert, ist eine Systematisierung notwendig. Deshalb wird im Folgenden vor allem anhand von Beispielen im

Ablauf der Customer Journey aufgezeigt, wie AR eingesetzt werden kann, um den Nutzen und den Spaßfaktor bei Kunden und Kundinnen zu erhöhen. Als weitere Ebene wird nach Branchen unterschieden, da aufgrund der Besonderheiten von Produkten bestimmte Anwendungen besonders geeignet sind.

Die Anwendungsmöglichkeiten sind lassen sich auch anhand der folgenden Übersicht gut klassifizieren:

Hier wird deutlich, dass es zwei Gruppen von Anwendungen gibt. Die AR-Anwendung kann einerseits direkt vom Nutzer oder der Nutzerin erfahren oder aufgerufen werden. Dies ist z. B. der Fall, wenn von vornherein das AR-Element auf dem Bildschirm erscheint, z. B. als Social Media-Filter oder als direkt aufrufbare AR-App als Einrichtungshilfe oder digitaler Spiegel am Point of Sale.

Die zweite Gruppe funktioniert über Call-To-Action-Elemente. Hierbei wird der Anwender über einen anderen Touchpoint zur AR-Anwendung geführt. Diese indirekte Ansteuerung kann sowohl über digitale Kanäle als auch Offline-Kanäle erfolgen. So kann der QR-Code auf dem Poster als Teil der Außenwerbung zu sehen sein oder eine Weiterleitung von der Website erfolgen. Bei der indirekten Aktivierung handelt sich auf der technologischen Ebene überwiegend um eine markerbasierte Anwendung (vgl. Technologien). Abb. 2.3 zeigt diesbezüglich deutlich, wie viele Möglichkeiten existieren.

Im Folgenden steht aber die Systematisierung anhand der Customer Journey im Mittelpunkt. Die Unterteilung nach Phasen ist – wie oben bereits

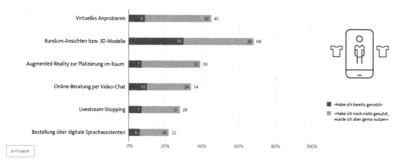

Abb. 2.3 Anwendungsmöglichkeiten von AR (Prösel, 2023)

erwähnt – nicht immer eindeutig möglich. Dennoch lassen sich eindeutige Anwendungsformen unterscheiden. Um die Vielfältigkeit der Anwendungen zu verdeutlichen, wird vor allem anhand von Beispielen gezeigt, wie unterschiedlich Unternehmen AR einsetzen. Die zeitliche Spannbreite reicht dabei von Anwendungen der frühen Hochzeit von AR 2017 bis zu aktuellen Beispielen aus dem Jahr 2023. Daran lässt sich auch noch einmal ablesen, dass mit der AR-Fähigkeit der mobilen Geräte der Durchbruch erfolgte.

2.3.1 Problemerkennung

Um bei Interessenten und Interessentinnen in der Problemerkennungsphase die Aufmerksamkeit auf die eigene Marke zu lenken, ist das erste Ziel, zunächst einmal Markenbekanntheit zu erreichen. Dazu eignen sich insbesondere Social Media Plattformen, die eine zielgruppengenaue Ausrichtung ermöglichen. Laut der ARD/ZDF-Onlinestudie 2022 nutzen 50 % der deutschen Bevölkerung mindestens wöchentlich Social Media, während es in der Zielgruppe im Alter von 14 bis 29 Jahren bereits 88 % sind (ARD/ZDF, 2022). Aber auch andere Kanäle sind für den ersten Kontakt mit der Marke unter Einsatz von AR geeignet, indem sie über Call-To-Action-Elemente AR einsetzen.

2.3.1.1 Filter und Linsen

Insbesondere Plattformen wie Instagram, Snapchat oder TikTok eignen sich für den Einsatz von AR-Filtern und sogenannten Lenses, im Weiteren als Linsen bezeichnet[3]. Snapchat darf für sich beanspruchen die erste Social Media-Plattform gewesen zu sein, die Filter und Linsen einsetzte. Bereits 2015 führte Snapchat die Linsen ein. Im Jahr 2017 ermöglichte Snapchat durch das „Lens Studio AR Developer Tool" Entwicklern aus Agenturen und Unternehmen gebrandete AR-Filter zu erstellen und so die Markenbekanntheit und das Markenimage zu stärken (Eugeni, 2022). Die Unterschiede zwischen beiden AR-Anwendungen sind gering und werden sowohl in der wissenschaftlichen Literatur als auch in der Praxis nicht immer konsequent verdeutlicht. Grundsätzlich lassen sich Filter in statische Filter und dynamische Filter unterscheiden. Statische Filter sind die einfachste Form von AR und können einfach auf der Plattform erstellt werden. Ein klassischer Schwarz-Weiß-Effekt oder ein Rahmen um ein

---

[3] Filter und Lenses lassen sich auch im stationären Handel einsetzen, sind dann aber nicht mehr der Problemerkennungsphase zuzurechnen. Siehe auch Use Case Adidas S. 31.

Bild gehören zu den statischen Filtern. Aber bereits sie stellen eine Erweiterung der Realität dar.

Linsen sind dynamische Filter, bei denen der AR-Effekt interaktiv ist. Es handelt sich hierbei um eine Kombination aus 2D-, 3D- und Animationseffekten. Die Linsen regieren auf Mimik, Gestik und andere Bewegungen (Ivanovic, 2022), sodass sie sich flexibel an das gezeigte Objekt oder die Person anpassen und so eine höhere Aufmerksamkeitswirkung als die statischen Filter erreichen. Inzwischen gibt es eine Vielzahl verschiedener Filter, die von Unternehmen erstellt wurden und von den Nutzern und Nutzerinnen eingesetzt werden.

Durch den gezielten Einsatz von Influencern kann der entsprechende Filter auch bei denjenigen verbreitet werden, die bisher noch keinen Kontakt mit der Marke hatten. Dabei ist es vorteilhaft, wenn der Filter besondere spielerische Elemente aufweist und sich so von anderen unterscheidet. Dies lässt sich deutlich am Beispiel des Filters der Marke Oreo erkennen: Durch das virtuelle Zugreifen auf die Oreoprodukte füllt man die leeren Symbole auf, bis die verschiedenen Oreoprodukte gesammelt sind. So kann das Unternehmen die Vielfalt der Produkte verdeutlichen, während es für die Anwender einen hohen Spaßfaktor hat und für die Nutzer hohe Aufmerksamkeit erzielt. Insgesamt lässt sich eine erhöhte Wirkung von Videoinhalten im Online-Marketing feststellen, sodass auch bei den Filtern die dynamischen besser für das Erreichen von Markenbekanntheit geeignet sind (Teads, 2021; Abb. 2.4).

Eine weitere Form der Filter sind die sogenannten Geofilter, die in ihrer Funktion den klassischen Filtern sehr ähnlich sind. Sie sind allerdings nur in einem begrenzten räumlichen Gebiet über einen bestimmten Zeitraum verfügbar. Als Anwender ist es also nötig, sich in diesem Areal aufzuhalten, um sie nutzen zu können. Das setzt voraus, dass die Ortungsdienste auf dem Smartphone aktiviert sein müssen. Auch auf diesem Gebiet ist Snapchat der Vorreiter. Snapchat bietet zwei unterschiedliche Varianten dieser Geofilter an, von denen aber nur eine auch für kommerzielle Zwecke zugelassen ist. Während sogenannte Community-Filter sich speziell auf Städte, Sehenswürdigkeiten oder andere Orte wie Universitäten beziehen und von Snapchat stark reguliert werden, sind die sogenannten On-Demand-Geofilter für alle Anwender zugänglich. Sie sind im Gegensatz zu den Community-Filtern nicht kostenlos, sondern müssen entgolten werden – in Abhängigkeit der Größe des gewünschten Areals und der entsprechenden Laufzeit (Buycustom, 2021).

2.3.1.2 Werbung

Im Bereich der klassischen Werbung lassen sich AR-Elemente als Call-To-Action- Elemente integrieren. QR-Codes als Marker leiten die Nutzer und

Abb. 2.4 Dynamischer
TikTok-Filter von Oreo
(Lenslist, 2023)

Nutzerinnen zur AR-Anwendung, die entweder das beworbene Produkt in aus-
führlicher Weise präsentiert oder einen zusätzlichen Nutzen in Form von Spaß
oder Informationen bietet. Auf diese Weise kann eine statische Printwerbung zu
einer quasi lebensechten Produktpräsentation werden.

So hat das Unternehmen Eterna mit der Agentur St. Elmo's eine Printanzeige
für eine Bluse mit einem entsprechenden Code ausgestattet. Durch Scannen des
QR-Codes wird der Nutzer bzw. die Nutzerin auf die Webseite von Eterna geleitet, wo das Model dann das Produkt realistisch präsentiert. In Abb. 2.5 lässt
sich erkennen, dass es sich zwar immer noch um die ursprüngliche Printanzeige

handelt, das Model sich aber aufgrund der Bewegung in einer anderen Position befindet. Die Anzeige wird quasi lebendig. Durch den direkten Link zur Bestellung kann sofort der Bestellvorgang ausgelöst werden. Hier wird durch AR versucht, die Bewertungsphase der Customer Journey zu vereinfachen und zu verkürzen.

Eine andere Möglichkeit stellt die Verknüpfung von Außenwerbung mit AR dar. Burger King hat 2019 in Brasilien eine AR-Anwendung eingesetzt, die mit Plakatwerbung verknüpft ist – in diesem Fall aber nicht mit eigener, sondern der von Fast Food-Konkurrenten. Wenn über die Burger King App erkannt wird,

Abb. 2.5 Printanzeige mit AR-Anwendung (Prösel, 2023)

Abb. 2.6 Burger King AR-Anwendung (Priebe, 2019)

dass es sich bei der Plakatwerbung um die eines Konkurrenten handelt, kann der Nutzer diese virtuell in Flammen aufgehen lassen. Es werden also animierte Flammen über die Werbung der Konkurrenz gelegt. Da die Funktion über eine App erfolgt, muss bereits eine gewisse Affinität zum Anbieter vorhanden sein. Es kann aber auch durch den Spaßcharakter eine erstmalige Nutzung erfolgen. Auch hier ist also die Abgrenzung nach verschiedenen Phasen der Customer Journey nicht eindeutig möglich. Die Aktion sollte ein neues Bezahlungssystem in der App bekanntmachen: BK Express, mit dem sich das Essen vorbestellen und abholen lässt. Nach dem Einsatz der App gab es für die Nutzer einen kostenlosen Whopper als Belohnung (Priebe, 2019; Abb. 2.6).

Die Bekanntmachungskampagne der Berliner Verkehrsbetriebe (BVG) für ihre Mobilitätsapp Jelbi, die crossmedial angelegt war und YouTube, Spotify und Facebook, aber auch Snapchat umfasste, gewann 2020 den German Brand Award der Digital Brand of the Year (German-brand-award.com, 2020). Die App, die Mobilitätsdienste von öffentlichen Verkehrsmitteln, Taxis, Sharing-Cars, Fahrräder, Roller und E-Scooter zur Buchung anbietet, hat die Bekanntmachung als inhaltliches Zentrum ihrer Kampagne ausgewählt und dafür Snapchat mit Außenwerbung kombiniert. Die Tracking-Technologie Marker Tech von Snapchat ermöglicht es einer Snap Lens, das Bild zu erkennen und ein AR-Erlebnis auszulösen. Bei der Verwendung der Snap Lens treten drei Türsteher der Berliner Clubszene aus dem Plakat und erklären dem Nutzer und der Nutzerin, wie Jelbi ihnen den Heimweg erleichtert (Rondinella, 2019).

Zusätzliches Element stellten die Originaltöne der Türsteher beim Einsatz der Lens dar, sodass die Anwendung audio-visuelle Wirkung entfalten konnte. Es handelt sich um eine Kombination der Snapchat Lenses mit Out of Home-Werbung. Das zeigt, dass eine trennscharfe Abgrenzung der Anwendungsfälle nicht möglich ist. Dennoch besteht das Nutzungserlebnis hier in der Interaktion mit der Plakatwerbung. Die Anwendung der Lenses bleibt nicht auf die Social Media-Plattform beschränkt. Insofern ist das Beispiel eher der Interaktion mit Werbung zuzuordnen als der reinen Betrachtung von Filtern und Lenses innerhalb der Plattform.

2.3.2 Informationssuche und Bewertung der Alternativen

In der Phase der Informationssuche und Bewertung der Alternativen ist für den Kunden oder die Kundin das Ziel, die Kaufentscheidung bestmöglich vorzubereiten, sodass die aus ihrer Sicht richtige Wahl getroffen wird. In dieser Phase kann AR sowohl im rein digitalen Kaufprozess als auch im stationären Handel sein größtes Potenzial entfalten. Try-ons und Visualisierungen liefern hier den größten Nutzen.

E-Commerce ermöglicht es den Kunden, auf eine Vielzahl von Informationen über Produkte zuzugreifen, es fehlt jedoch die Möglichkeit, den Nutzern zu visualisieren, wie Artikel z. B. Kleidung konkret anprobiert aussehen würden, oder die richtige Größe vorherzusagen. Hier zeigt sich das Fehlen von Sucheigenschaften zur Qualitätsbeurteilung im rein digitalen Kaufprozess. Augmented Reality bietet daher einen Ersatz und ermöglicht es Kunden, eine 3D-Version des Gegenstands in Echtzeit mit ihrem Mobiltelefon, Tablet oder ähnlichen Geräten zu visualisieren, auch während sie sich bewegen und das Produkt quasi anprobiert betrachten können. Die Gegenstände reagieren auf die Bewegungen des Benutzers und simulieren, dass sie die echte physische Version davon sind. Hier finden die Information und die Bewertung der Produkte gleichzeitig statt.

Social Media lässt sich hierzu auch sinnvoll einsetzen. Erfolgreiche Beispiele wie die Snapchat-Partnerschaften mit verschiedenen Marken zeigten die Funktionsweise von AR beispielhaft für Social Media Plattformen. Snapchat bietet seinen Nutzern eine Funktion zum virtuellen Anprobieren von Kleidung, Brillen und Schmuck verschiedener Luxusmarken wie Prada, Louis Vuitton und dem Online Luxushändler Farfetch. Nutzer können mit dieser Funktion auch teilbare Inhalte erstellen, die ebenfalls einen direkten Link zur E-Commerce-Website der jeweiligen Marke enthalten, um die ausgewählten Artikel einfach zu kaufen (McDowell, 2021; Abb. 2.7).

Die große Welle der Einführung der AR-Anwendungen im Bereich der virtuellen Try-ons fand 2020 begünstigt durch den Corona-bedingten Lockdown statt. Als Einkaufszentren und Geschäfte geschlossen waren, verließen sich die Kunden und Kundinnen auf AR, um die Artikel virtuell auszuprobieren. Marken erkannten

Abb. 2.7 AR Try-On von
Prada und Snapchat
(McDowell, 2021)

Abb. 2.7 AR Try-On von Prada und Snapchat (McDowell, 2021)

schnell, dass sie mit den Verbrauchern interagieren mussten, um sie zu binden und zufriedenzustellen, während sie gleichzeitig ihre Konversionsraten erhöhen und die extrem hohe Rücksendequote, die fast 70 % betrug, reduzieren mussten (Wanna, 2022).

Im stationären Handel war Timberland eines der ersten Unternehmen in der Bekleidungsindustrie, das diese Technologie einsetzte, indem es digitale Spiegel bereits 2014 auf den Markt brachte, die in den Schaufenstern verschiedener Einkaufszentren installiert wurden und es Kunden ermöglichten, Artikel aus der neuen Kollektion virtuell auszuprobieren, ohne überhaupt das Ladengeschäft betreten zu müssen. (Scholz et al., 2017). Hier liegt der Nutzen in der hohen Bequemlichkeit, die dazu führt, dass die Kunden auf die neue Kollektion aufmerksam gemacht werden, die Neugier angesprochen wird und der lästige Weg in den Laden zur Anprobe vermieden wird. Dadurch ist nicht nur die Such-

und Bewertungsphase angesprochen, sondern der Eindruck des Produkts kann zu einer Inspiration führen, die den Kaufprozess initiiert und verkürzt. Im Vergleich zum traditionellen Window Shopping bekommt man hier bereits den individuell angepassten optischen Eindruck, sodass die Qualität gleich bewertet werden kann.

Dennoch wurden die Möglichkeiten von AR-Anwendungen in der Bekleidungsbranche noch nicht ausgeschöpft (Vignali et al., 2020, S. 160). Eine wichtige Anwendung, die noch nicht ihr volles Potenzial erreicht hat, ist die Größenbestimmung durch AR-Anwendungen. Um die Konversionsraten weiter zu steigern, sollten Kunden neben der Visualisierung einer 3D-Darstellung des Artikels Informationen darüber erhalten, welche Größe des Kleidungsstückes sie kaufen sollten, ohne auf veraltete Maßtabellen angewiesen zu sein (tom Dieck et al., 2021, S. 13). Einen neuen Vorstoß übernimmt diesbezüglich z. B. gerade Marks & Spencer mit der Technologie des auf virtuelle Anproben spezialisierten Unternehmens Zyler. Im Rahmen einer ersten Testphase ist in zwei Geschäften von M&S der Service für die Kleidung von Jaeger verfügbar. Wenn die Kunden ein Foto von Kopf und Schultern sowie ihre Maße vorlegten, könnten sie auf ihrem Smartphone sehen, wie ihnen das Kleidungsstück passt. Mitarbeiter stünden laut M&S aber für Fragen und Beratung bereit (Dawson, 2023; Abb. 2.8).

Auch andere Technologieunternehmen wie Sizer (Sizer, 2022) stellen Bekleidungsmarken die Software für AR-Tools zur Verfügung, um für Kunden die Körpermaße zu ermitteln und sie in genaue Größenempfehlungen umzuwandeln.

Nach einer repräsentativen Befragung unter 1123 Personen ab 16 Jahren in Deutschland, die das Internet nutzen, hat fast die Hälfte (45 %) der Online-Shopper und -Shopperinnen Interesse daran, Produkte virtuell anzuprobieren. 9 % haben dies schon einmal genutzt, 36 % würden dies gerne zukünftig tun (Bitkom, 2023). Auch andere AR-Anwendungen stoßen hier auf großes Interesse wie die Rundumansicht zur optischen Bewertung eines Produkts und – hier vor allem für Möbel relevant – der Einsatz von AR zur Platzierung von Produkten im Raum. Die einfache, schnelle und genaue Messung bleibt aber noch eine Herausforderung. Das Beispiel von M&S zeigt, dass doch weder Maße vorgelegt werden müssen.

AR bietet außerdem hohe Potenziale im **Lebensmittelbereich.** Hier findet vor allem die Nutzung von Marken auf **Verpackungen** Anwendung. So können die Smartphones der Benutzer zusätzliche Produktinformationen wie Nährwertangaben, Kontaktdaten des Unternehmens und mehr sofort anzeigen, auch wenn die Verpackung zu klein oder ungeeignet für diese detaillierteren Informationen ist (Kaliraj & Devi, 2022,). Mithilfe der QR-Codes auf der Verpackung lässt sich

Abb. 2.8 Virtuelle Anprobe mit QR-Code Markern bei Marks & Spencer (Dawson, 2023)

das Etikett eines Produkts scannen, um verschiedene Informationen zu erhalten. (Pence, 2010; Okazaki et al., 2012). Meist werden ebendiese QR-Codes als Marker verwendet, auch ein Scan über Shazam ist möglich. Grundsätzlich ist davon auszugehen, dass ein Scan über die Kamera nutzerfreundlicher ist, da keine spezielle App geladen und verwendet werden muss.

Außerdem ermöglichen AR-Apps Benutzern zu sehen, wie und wo ein Produkt hergestellt wurde (Dacko, 2017) wie z. B. **Lieferketteninformationen** für Bekleidung. Die „Visual Trust Initiative", ein Gemeinschaftsprojekt zwischen Blippar (Augmented-Reality-Entwickler), SGS (Audit-, Verifizierungs-, Test- und Zertifizierungsunternehmen), Carrefour (französischer Einzelhändler) und Transparency-One (Supply-Chain-Management-Plattform), hat sich mit AR-Anwendungen auf Lebensmitteln beschäftigt. Die Anwendung ermöglicht es Käufern, mit ihren Mobiltelefonen und AR-Technologie einen Blick auf die Herkunft des Produkts zu werfen, das sie kaufen möchten, um so seine Qualität zu beurteilen (Murphy, 2017).

Bilder von Speisen in verschiedenen Restaurants geben die qualitativen und quantitativen Besonderheiten nicht genau wieder, sodass auch hier die Nutzung von AR die Qualitätsunsicherheit reduzieren kann. Speisekarten können mit AR so erweitert werden, dass Informationen wie eine 360°-Visualisierung der Mahlzeit, die verwendeten Komponenten, Nährwert- und Kalorienangaben und mehr angezeigt werden können (Kaliraj & Devi, 2022).

AR-Anwendungen ermöglichen es **Kosmetikfirmen,** eine individuellere Haut- und Haarpflege zu empfehlen. Durch die Einbeziehung von Kunden- und Kundinnenfotos in den Entscheidungsprozess wird die AR-Anwendung zu einer individuellen und spezialisierten Schönheitsberatung. L'Oreal ist eine der Marken, die ihren Kunden AR-basierte Anwendungen anbietet. Eine davon bietet eine Online-Hautbewertung über die Vichy Skin Consult AI-Website, ein Anti-Aging- und Hautpflege-Simulationstool für die Schönheits- und Medizinbranche, das Hautveränderungen erkennen, messen und vorhersehen kann. Dieser „virtuelle Spiegel" verwendet Computer-Vision-Technologie, um vorherzusagen, wie Menschen nach der Verwendung verschiedener Kosmetika und Kosmetikartikel aussehen werden. Die Vichy Skin Consulting AI wurde entwickelt, um Hautprobleme zu analysieren. Nach dem Hochladen eines Fotos erhält der Kunde Informationen über die Qualität seiner Haut, Bereiche, die verbessert werden müssen und ein personalisiertes Produktrezept. Eine weitere Anwendung von L'Oreal ist eine klassische AR-Simulation namens „L'Oreal Virtual Try-On", die es Nutzern ermöglicht, verschiedene Kosmetikprodukte und -stile virtuell von zu Hause aus anzuprobieren (Elder et al., 2020).

Das Unternehmen ModiFace erstellt spezielle AR-Lösungen für ihre Kunden aus dem Bereich Kosmetik. Eine der Anwendungen ist „Beauty AR SDK", das eine Hautbewertung und -simulation, eine fotorealistische Make-up-Simulation mit dynamischer Beleuchtungsanpassung und eine fotorealistische Simulation von Haarfarbe und -stil bietet. Mit der virtuellen Make-up-Anprobe von Modi-Face kann daher jede Form von dekorativer Kosmetik digital getestet werden. Die Möglichkeiten gehen aber auch über reine Try-Ons hinaus. Mit Live-Scan wird eine Möglichkeit geboten, Make-Up-Looks Dritter nachzuerleben. Richtet der Nutzer die Kamera auf einen Freund, eine bekannte Persönlichkeit oder ein Bild von jemandem in einer Zeitschrift, extrahiert die Technologie das aufgetragene Make-up und gleicht dann die Farben mit den besten Produkten aus der Datenbank ab, um den Look nachzubilden. Ähnlich funktioniert die Abstimmung des Make-ups mit der Kleidung. Nach dem Scan des Kleidungsstücks oder der Schuhe durchsucht die Technologie den Produktkatalog, um Farben zu finden, die eng zusammenpassen, damit die Kunden und Kundinnen den perfekten Make-up-Farbton auswählen können. Ebenso können AR-gestützte Make-up-Tutorials erstellt werden (ModiFace, 2023; Abb. 2.9).

Abb. 2.9
AR-Make-up-Tutorial
(ModiFace, 2023)

Dies zeigt deutlich, dass einfache Try-Ons mit der Kamerafunktion, die der Nutzer oder die Nutzerin auf sich richtet und die inzwischen von zahlreichen Kosmetikfirmen angeboten werden, nicht die einzige Anwendungsmöglichkeit sind. Visual Search und Simulationen erweitern die Palette und können mit der Hilfe von KI weiter optimiert werden. Dabei reicht die Breite der Möglichkeiten von rein dekorativer Kosmetik wie von ModiFace bis zur dermatologischen Analyse und Simulation.

Auch im Bereich ästhetischer Operationen und Zahnbehandlungen lässt sich AR einsetzen. „ILLUSIO: Virtual Cosmetic Surgery App" ist eine Augmented-Reality-App mit Echtzeit-Simulationsfunktion, die Kunden der plastischen Chirurgie bei der Auswahl der richtigen Form und Größe von Brustimplantaten unterstützt. Frauen werden gebeten, einen speziellen BH zu tragen, der mit dieser AR-Technologie verbunden ist, wodurch die App eine sehr realistische Darstellung dessen liefern kann, wie ihr neuer Körper nach der Operation aussehen würde. Alle Modifikationen sind in Echtzeit auf dem Bildschirm eines iPads sichtbar (Abbas, 2022). Weitere Beispiele wie „Kapanu", eine zahnärztliche Augmented-Reality-Software, die es Menschen ermöglicht, einen Eindruck davon zu bekommen, wie ihr zukünftiges Lächeln nach einer Zahnbehandlung aussehen wird. Nach der Analyse der Mundhöhle des Patienten schlägt die App verschiedene Möglichkeiten zur Verbesserung vor, die von der Zahnaufhellung bis zum Einsetzen von Zahnimplantaten reichen. Und wieder kann der Patient die Verbesserungen in Echtzeit sehen (gbksoft, 2021).

Zahlreiche Beispiele finden sich vor allem im Bereich der **Möbel- und Einrichtungsanbieter.** Die Ikea-App ‚Ikea-Place', die die ausgewählten Möbel im realen Raum darstellt, sodass der Interessent sie nicht nur platzieren, sondern sich auch um sie herumbewegen kann, existiert schon seit 2017. Ikea erweiterte aber sein App-Angebot um eine Mixed-Reality-App, die mithilfe mehrerer auf bestimmte Weise anzufertigende Handy-Fotos Räume erfasst, aus denen man anschließend das Mobiliar ganz oder teilweise löschen und mit Ikea-Produkten bestücken kann. Im Unterschied zur klassischen ‚Ikea Place'-App ist es mit der ‚Ikea Kreativ'-App möglich, den gesamten Raum zu planen und nicht nur ein Möbelstück im Raum zu sehen. Diese Anwendung, die direkt in der Ikea-Shopping-App zu finden ist, existiert derzeit nur in den USA und für das iPhone. Im Laufe dieses Jahres soll diese Funktion auch in Deutschland und für Android eingeführt werden (Böhm, 2022; Abb. 2.10).

Abb. 2.10 Ikea Kreativ App (Ikea.com, o. D.)

Eine weitere Möglichkeit zur Verkürzung des Kaufprozesses ist die **In-Store Navigation.** AR-Navigationssysteme können Käufer durch stationäre Einzelhandelsumgebungen führen und gleichzeitig zusätzliche Informationen zu physischen Produkten direkt auf dem Smartphone eines Nutzers bereitstellen. Dadurch können Käufer selbst in den größten Einkaufszentren und Kaufhäusern problemlos navigieren, um die gewünschten Artikel zu finden (Ginsberg, 2022).

Handelt es sich bei der Navigation um eine Orientierung in einer Shopping Mall oder einem Einkaufszentrum, lässt sich die Anwendung der Problemerkennungsphase zuordnen. So könnte durch einen Marker auf einem Werbeposter auch eine AR-Navigation zum Ladengeschäft auf dem Smartphone erscheinen. Die konkreten Anwendungsfälle sind bisher vor allem im Bereich der Informationsversorgung als Weg im Store zum Produkt zu finden. So hat Marks & Spencer eine entsprechende Navigationsanwendung eingeführt, um Kunden das Auffinden ihrer gesuchten Produkte zu erleichtern (Guiri, 2021). Käufer können eine Einkaufsliste erstellen, die sie über das Live-Navigationssystem zu den gesuchten Artikeln führt. Dies ist nicht nur eine Verkürzung des Einkaufsprozesses, sondern erleichtert sehbehinderten Kunden, die derzeit auf die Hilfe des Ladenpersonals angewiesen sind, das Auffinden von Artikeln im Geschäft (Parr, 2021; Abb. 2.11).

Abb. 2.11 In-Store Navigation bei Marks & Spencer (Guiri, 2022)

Es zeigt sich also, dass die Anwendungsmöglichkeiten in der Informations- und Bewertungsphase ebenfalls sehr vielfältig sind, aber überwiegend über utilitaristischen Nutzen verfügen. Interessenten und Interessentinnen sollen vereinfacht und schnell zusätzliche Informationen geliefert werden, um den Kaufprozess zu verkürzen bzw. das wahrgenommene Risiko zu verringern. Der Kaufprozess wird bequemer und sicherer.

2.3.3 Kauf und Nachkaufverhalten

Die Nachkaufphase beginnt, sobald der Kunde seinen Kauf abgeschlossen hat. Im Gegensatz zur Kundenbindungsphase dreht sich hier alles um die Leistung an sich und deren einwandfreie Nutzung. Die Erfahrungen in der Nachkaufphase ermöglichen es der Marke, eine dauerhafte Beziehung zu den Kunden aufzubauen, die sie dann zu treuen Kunden macht, da sie das gesamte Erlebnis persönlicher und interessanter macht.

Der Nachkauf umfasst hauptsächlich jegliche Unterstützung, die den Kunden hilft, das Produkt effizient zu erleben. Aktivitäten wie Nachverfolgung der Bestellung, Rückgabe- oder Rückerstattungsservice und technischer Support können unter Aktivitäten nach dem Kauf eingeordnet werden. Der Kunde bzw. die Kundin haben im Regelfall die Leistung erhalten, wobei auch Verzögerungen und Probleme im Auslieferungsprozess zu dieser Phase gehören können. Garantiefragen, Upgrades, Reparaturen, Installation, Fehlerbehebung und andere Kundenanfragen können in dieser Phase stattfinden. Eine gute Zusammenarbeit mit Kunden während des Supports nach dem Verkauf ist entscheidend, um Vertrauen zu schaffen, Kundenbindung aufzubauen und Kundenzufriedenheit sicherzustellen (Pennington, 2021).

Zum Zeitpunkt der Ersteinrichtung, Konfiguration, Fehlerbehebung, regelmäßigen Wartung oder zur Demonstration von Funktionen des Produkts bietet AR eine interaktive digitale Schnittstelle. Der Kunde kann die Informationen, die virtuell angezeigt werden, leicht abrufen. Die virtuellen Inhalte bieten ein immersives Erlebnis, das es dem Benutzer ermöglicht, den Prozess unter Kontrolle zu haben und sich unabhängig von Servicemitarbeitenden zu fühlen (Jansen, 2022). Für AR bedeutet dies konkret, dass es drei verschiedene Möglichkeiten des sinnvollen Einsatzes gibt:

1. Self-Service-Unterstützung
2. Reparaturunterstützung
3. Benutzerhandbücher

2.3.3.1 After-Sales- Service

Mit Augmented Reality-basiertem Online-Self-Service verbessern Marken ihren **After-Sales-Service** über Smartphones. Kunden und Kundinnen können auf die Produktinformationsdatenbank zugreifen, die häufig gestellte Fragen, Handbücher und Schulungsmaterialien beinhaltet. Auf diese Informationen können auf unterschiedlichem Wege zugegriffen werden, z. B. durch Marker direkt auf dem Produkt.

In den letzten Jahren haben verschiedene Marken wie Cadbury, Pizza Hut und Heinz damit begonnen, interaktive AR-Marker in ihre Verpackungen zu integrieren, um den Kunden ein besonderes Erlebnis zu verschaffen. Marken, die Kunden mit interaktiven Verpackungen ansprechen, bleiben so länger im Kopf des Kunden oder der Kundin. Nespresso beispielsweise ermöglicht es Kunden, ihre Verpackung zu scannen, um eine Entkalkungsanleitung für ihre Kaffeemaschine zu erhalten.

Durch die Einfachheit der Bedienung lassen sich alle Zielgruppen ansprechen, da der Kunde nur die Kamera seines Geräts auf die Verpackung eines Produkts richten muss, um Informationen, Grafiken oder Videos zu sehen (Pearce, 2019).

Der After-Sales-Service bezieht sich hier nicht nur auf die direkte Nutzung des Produkts, sondern erweitert die Möglichkeiten, indem zusätzliche Anregungen gegeben werden. Dabei kann es sich um praktische Tipps handeln, aber auch um unterhaltende Elemente, die das Markenerlebnis in den Mittelpunkt stellen. Die Marke Heinz hat beispielsweise die interaktive Verpackung genutzt, um praktische Einblicke zu liefern, wie z. B. eine Auswahl an Rezepten mit Tomatenketchup. Der Schokoladenhersteller Milka erweiterte seinen Adventskalender um eine AR-Variante (Morozova, o. D.). Die Grenzen zwischen der After Sales- und der Kundenbindungsphase ist bei den Anwendungen mit spielerischen Elementen nicht eindeutig zu ziehen. Der Funktionsumfang des Adventkalenders von Milka wird zwar durch AR erweitert, aber ebenso dient der spielerische Umgang damit auch der Markenbindung und damit der Kundenbindung (Abb. 2.12 und 2.13).

Darüber hinaus hat sich die AR-basierte Self-Service-Unterstützung in mehreren Smart-Home-Anwendungen bewährt. So arbeitet die Smart-Home-App ‚Devices' mit AR, indem sie den realen Raum nutzt, um Marker auf den jeweiligen Geräten zu installieren. Der Marker schwebt dann über dem zu steuernden Smart-Home-Produkt und reagiert auf Antippen. Wird die Kamera geschwenkt, verschwindet das Symbol und taucht wieder auf, sobald es wieder in das Blickfeld der Kamera gerät (Grün, 2018).

Abb. 2.12 AR-Funktion auf der Verpackung bei Heinz (Morozova, o. D.)

Abb. 2.13 AR-Funktion beim Milka-Adventskalender (Morozova, o. D.)

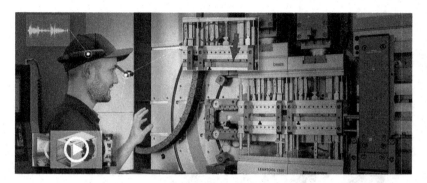

Abb. 2.14   AR Remote Service (Bihler, 2023)

2.3.3.2 Reparaturunterstützung

Mithilfe von AR-basiertem visuellen **Support** können Servicemitarbeiter und Kunden Probleme vermeiden, das bei technischen Supportanrufen üblich sind. AR kann daher genutzt werden, um Produktfehler oder Fehlfunktionen des Produkts durch die Verbraucher zu identifizieren und zu melden. Oft verfügen Kunden nicht über ausreichende Kenntnisse des Produkts und haben Schwierigkeiten mit der Funktionsweise. Daher kann es schwierig sein, dem Kundendienst eine Fehlfunktion zu erklären. Die Integration eines solchen Supports mit AR, bei dem Kunden Fehler sofort und mit weniger Aufwand melden können, ist für beide Seiten von Vorteil. Hält ein Kunde sein Handy über ein Produkt, kann die AR-Technologie alle Teile eines Produkts in Echtzeit identifizieren. Service-Center-Agenten kennen den genauen Namen und die Modellnummer des fehlerhaften Geräts, um Probleme schneller zu lösen (Pearce, 2019).

So bietet der Maschinenhersteller Bihler mittels AR-Technologie über Smartphone. Tablet oder AR-Brille die Möglichkeit, dass die Service-Techniker dem Maschinenbediener quasi über die Schulter schauen und ihn so Schritt für Schritt leiten (Bihler, 2023). Dieses Beispiel bezieht sich zwar auf den B2B-Bereich, aber auch für komplexe Elektronik-Produkte wäre ein solcher After-Sales-Service denkbar, dann eher mit Smartphone oder Tablet (Abb. 2.14).

2.3.3.3 Benutzerhandbücher

Die Automobilindustrie war ein Pionier bei der Anwendung von AR in **Handbüchern.** Hyundai hat eine digitale Betriebsanleitung auf Basis von Augmented Reality erstellt. Dieses Handbuch zeigt Fahrern, wie sie ihre Fahrzeuge warten und reparieren können. Die Bedienungsanleitung mit AR auf dem Smartphone erklärt, wozu die Knöpfe und Schalter dienen und wie man den Ölstand prüft, Scheibenflüssigkeit nachfüllt und sogar den Luftfilter austauscht. Andere auf Augmented Reality basierende Benutzerhandbücher, die Anweisungen zur Bedienung von Haushaltsgeräten und zur Installation von Unterhaltungselektronikgeräten geben, verwenden einen virtuellen Techniker (s. Abb. 2.15) (Jansen, 2019). Schließlich erreicht AR im After-Sales-Bereich auch eine indirekte Wirkung beim Kunden oder der Kundin über eine Optimierung der logistischen Abläufe. So kann der Logistikprozess zuverlässiger gestaltet werden und für den Endabnehmer zur Einhaltung der versprochenen Lieferzeit führen. Der Logistikdienstleister DHL nutzt beispielsweise AR, um die Effizienz und Genauigkeit des Lieferprozesses zu verbessern. AR-Anweisungen leiten Arbeiter zum Standort jedes auszuwählenden Produkts und schlagen dann den besten Weg zum nächsten Produkt vor. Bei DHL hat dieser Ansatz zu weniger Fehlern, engagierteren Mitarbeitern und Produktivitätssteigerungen von 25 % geführt (Porter & Heppelmann, 2017).

Auch wenn hier nicht die Endkunden im Mittelpunkt stehen, leistet AR seinen Beitrag zur Gesamtzufriedenheit. Zusätzlich wird noch eine erhöhte Effizienz erreicht, sodass die Kosten für das Unternehmen gesenkt werden bei gleichzeitiger Erhöhung der Kundenzufriedenheit mit dem Nachkaufprozess.

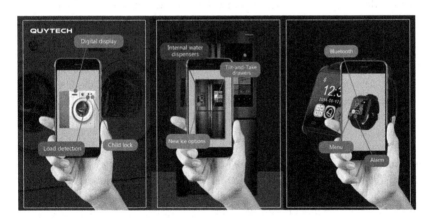

Abb. 2.15 AR-Bedienungshandbuch (Jansen, 2019)

2.3.4   Kundenbindung

In der Kundenbindungsphase ist es für das Unternehmen entscheidend, den Kunden und die Kundin durch regelmäßigen Kontakt weiter mit der Marke in Kontakt zu bringen und weitere Käufe vorzubereiten und letztendlich zu erreichen. Dabei spielen besonders Up-Selling und Cross-Selling-Angebote eine Rolle. Die Customer Journey soll auf diese Weise in den Loyalty Loop einmünden. Dabei muss das Bindungsinstrument nicht die nächste Transaktion zum Ziel haben, sondern kann das Markenimage in den Mittelpunkt stellen.

Es gibt mehrere Arten von AR-Anwendungen, die den Kunden während der Bindungs- und Loyalitätsphase unterstützen können. Zum einen können sie in das gesamte **Storytelling** der Marke eingebettet sein. In dieser Variante geht es darum, die crossmediale Geschichte, die im Rahmen einer Kampagne oder der Markenkommunikation erzählt wird, durch meist interaktive Elemente mit AR-Elementen anzureichern. Darüber hinaus lassen sich auch klassische Kundenbindungsinstrumente wie z. B. **Newsletter oder Bonusprogramme** mit AR erweitern. Die Grenzen sind hierbei fließend. So kann AR im Rahmen eines Bonusprogrammes auch Storytelling-Elemente beinhalten.

In der Lebensmittel- und Getränkeindustrie finden sich verschiedene Beispiele für den Einsatz von AR. Banrock Station, eine Weinmarke von Accolade Wines, hat ein AR-Erlebnis geschaffen, bei dem Benutzer das Etikett einer Weinflasche mit einer Smartphone-Kamera scannen können, um einige der Umweltprojekte des Unternehmens zu sehen (Retail Technology Innovation Hub, 2021). Darüber hinaus ermöglicht die Erfahrung den Benutzern, ihren eigenen virtuellen Baum zu „pflanzen", um ein symbolisches Nachhaltigkeitsversprechen abzugeben. Dabei erhalten sie Informationen darüber, was die Banrock Station für die Umwelt tut und wie ein einzelner Baum davon profitieren kann (vgl. Abb. 2.16). Nutzer können auch ein Foto von ihrem Baum und ihrem Nachhaltigkeitsversprechen machen (Abb. 2.16).

Neben den Umweltinformationen enthält die App auch Links zu weiteren Informationen über die Marke, das Angebot an Weinen und das Weingut selbst (Retail Technology Innovation Hub, 2021). Der größte Vorteil dieser Verwendung von AR besteht darin, dass sie ein Upselling der Weine des Unternehmens bietet, indem Links mit weiteren Informationen zu den angebotenen Produkten angezeigt werden, um zu versuchen, Kunden zum Kauf verschiedener Weine zu motivieren. Darüber hinaus soll die Kundenbindung und -loyalität gefördert werden, indem in erster Linie die nachhaltigen Bemühungen von Banrock präsentiert werden.

Ein Unternehmen, das in verschiedenen Kampagnen AR zur Kundenbindung eingesetzt hat, ist die österreichische Supermarktkette Billa. Das Bonusprogramm

Abb. 2.16 Virtuelle Baumpflanzung bei Banrock (Banrock Station, o. D.)

'Billa Bricks' in Kooperation mit Lego wird in Abschn. 3.1 näher erläutert. Dabei handelte es sich um ein Bindungsprogramm, das durch Gamification eine bessere Markenpositionierung und Erstakquise junger Familien zum Ziel hatte (cavr o. D.). Es lässt sich demzufolge nicht nur der Kundenbindungsphase der Customer zuordnen.

Auch Versorgungsunternehmen können AR im Rahmen ihres Kundenbindungsprogramms nutzen. Im April 2019 führte British Gas eines der weltweit ersten AR-Treueprämienprogramme ein, Wilbur's Easter Eggstravaganza (Prevett, 2021). Ziel des AR-Erlebnisses war es, die Anzahl der Nutzer zu erhöhen, die Teil des zwei Jahre zuvor eingeführten Treueprogramms „Rewards" waren (Prevett, 2021). Das AR-Spiel war sehr einfach und bestand darin, Wilbur, dem Maskottchen der Marke, dabei zu helfen, in der AR-Einstellung auf dem Smartphone nach

Ostereiern zu suchen. Das Spiel funktionierte über WebAR, sodass kein App-Download erforderlich war und es auf jedem Smartphone gespielt werden konnte. Um spielen zu können, war jedoch eine Registrierung beim Rewards-Programm erforderlich (Prevett, 2021). Sobald das Spiel abgeschlossen war, erhielt jeder Benutzer automatisch eine Belohnung in unterschiedlicher Höhe (Prevett, 2021). Aufgrund der Natur des Spiels richtete es sich an Familien mit Kindern, konnte aber auch das Interesse von Erwachsenen wecken, da es damals noch relativ neu war (Abb. 2.17).

Der Tiernahrungshersteller Purina startete eine „28 Day Challenge" für seine Purina One-Linie, um Kunden die Vorteile zu zeigen, die ihre Hunde oder Katzen im Laufe von 28 Tagen sehen würden, wenn sie mit Purina One gefüttert werden, und kombinierte eine klassische Kampagne mit AR-Elementen. Die Challenge besteht aus einer Online-Zeitleiste, in der Kunden erfahren können, welche Veränderungen sie im Laufe der Tage bei ihren Haustieren sehen, wenn Sie Purina One verfüttern (www.purina.com, n.d.).

Abb. 2.17 Wilburs Easter Eggstravanganza (Prevett, 2021)

Zusammen mit der Challenge startete Purina ein AR-Erlebnis, auf das von jedem Smartphone über WebAR zugegriffen werden konnte, mit dem Ziel, ein interaktiverer Leitfaden für die Herausforderung zu sein (Zappar, 2020.).). Durch die AR-Erfahrung wurde ein virtuelles Haustier gezeigt, das die verschiedenen Phasen der Challenge absolviert. Die Erfahrung bot auch zusätzliche Informationen zu jeder Etappe sowie einen Link zur Registrierung und zum Erhalt eines Gutscheins für Purina One (Purina, o. D.).

Die App trägt zur Challenge bei, indem sie den Prozess interaktiver macht und die Links für weitere Informationen und die Registrierung auf demselben Bildschirm enthält. Ziel ist es hier, Wiederholungskäufe zu fördern, indem Coupons für alle Nutzer und Nutzerinnen vergeben werden, die die Herausforderung abgeschlossen haben. Außerdem gibt es den Kunden das Gefühl, der 28-Tage-Challenge-Community anzugehören und stärkt so die Markenbindung (Abb. 2.18).

Abb. 2.18 Purina One 28 Day Challenge (Purina, o. D.)

Cartier setzt AR als Mittel des Storytellings ein, indem das Unternehmen Snapchat Lenses mit Try-On kombiniert. Im Mittelpunkt steht die Historie ihrer Tank-Uhr, die 1917 entworfen wurde, über Augmented Reality auf Snapchat. Das Erlebnis startet im Jahr 1917 in Paris, inmitten einer schwarz-weißen Landschaft wie auf einem alten Foto mit der Möglichkeit einer 360-Grad-Ansicht. Tippt der Nutzer auf einen Punkt weiter unten auf der Brücke erfolgt ein Sprung in das Jahr 1936 und die Anzeige wird farbig. Weitere Etappen sind 1977 und 2023. Cartiers Panzeruhr, die immer am unteren Rand des Bildschirms schwebt, wird mit jedem Sprung aktualisiert. Wenn die Gegenwart erreicht wird, gibt es eine aktuelle Version der Tank Française, die neu aufgelegt wurde, und die auf dem Bildschirm schwebt, damit die Nutzerin sie virtuell anprobieren und auch gleich erwerben kann (Abb. 2.19).

Das klassische Storytelling im Rahmen der Unternehmensgeschichte wird auf diese Weise spielerisch erzählt und mündet in der virtuellen Anprobe. So werden Kundenbindung über die Markenhistorie und Cross-Selling miteinander verknüpft, auch um die Wertigkeit des Produkts zu verdeutlichen (Abb. 2.20).

Da die Nutzer und Nutzerinnen eher jung sind und tendenziell über ein geringeres Budget verfügen, ist nicht mit einer hohen Conversion zu rechnen, aber allein die Tatsache, dass durch AR eine längere Aufmerksamkeit bei den Nutzerinnen und Nutzern erzielt wird, gilt als Erfolg (Bain, 2023).

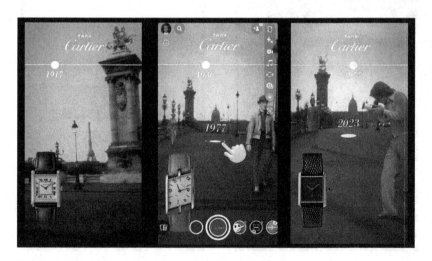

Abb. 2.19 Storytelling mit der Cartier Tank (Bain, 2023)

Abb. 2.20 Virtuelles
Try-On der Cartier Tank
(Bain, 2023)

2.4   Zusammenfassung

Die Beispiele zeigen die Vielfalt der Einsatzmöglichkeiten von AR. Dennoch
bietet die Möglichkeit der Einteilung nach Phasen der Customer Journey eine
Systematisierung an, die zeigt, in welchen Phasen und mit welchem Marketingziel welche Anwendungsmöglichkeiten sinnvoll sind. Diese lassen sich in der
folgenden Tabelle systematisch darstellen (Tab. 2.1).

Tab. 2.1 Übersicht AR-Anwendungen

Phase der Customer Journey	Marketingziel	AR-Anwendung
Problemerkennung	Markenbekanntheit	Filter
		Linsen
		Werbung mit Call-to-Action-Elementen
Informationssuche, -bewertung	Kauf	Try-ons/Simulationen
		Navigation
		Informationsversorgung
Nachkauf	Kundenzufriedenheit	After-Sales-Service
		Support
		Handbücher
Kundenbindung	Loyalität, Cross-Buying	Bonusprogramme
		Newsletter
		Emails, Kundenclubs…

Insbesondere im Bereich der Kundenbindung kann die Fülle der Möglichkeiten nur angedeutet werden, da zahlreiche Bindungsinstrumente mit AR erweitert werden können. Auch im Kundenclub kann es spezielle AR-Tools geben, die z. B. im Falle eines Back-Clubs Dekorationsideen für Backwerk in Form von AR darstellen.

Use Cases

3

Als Beispiele von Unternehmen, die im Zeitablauf immer wieder mit den neuesten technologischen Möglichkeiten, also auch mit AR – Anwendungen, gearbeitet haben, werden Lego und Adidas herangezogen. Hier wird beispielhaft erläutert, welche Einsatzmöglichkeiten beide Unternehmen eingeführt haben. Nicht immer ist es möglich, zu ermitteln, ob dies eine alleinstehende PR-Maßnahme war oder ob es sich um eine strategische Einführungsentscheidung gehandelt hat, die dauerhaft implementiert werden sollte bzw. wurde. Um die gesamte Bandbreite der Anwendungen vorzustellen, finden sich in den Übersichten auch VR-Beispiele wieder, auf die nicht weiter eingegangen wird. Inzwischen lässt sich erkennen, dass nach der kontinuierlichen Anwendung von AR und VR, die aber seltener zu finden ist, sich inzwischen das Interesse in Richtung Metaverse entwickelt hat. Dies unterstreicht noch einmal die schon am Anfang erwähnte Entwicklung, dass AR in der kommerziellen Nutzung angekommen ist und der Innovationsschwerpunkt insbesondere in der Bekleidungsindustrie inzwischen auf dem Metaverse liegt.

3.1 Lego

Das Unternehmen Lego hat sich bereits in frühen Jahren mit AR- und VR-Anwendungen beschäftigt und diese konsequent eingesetzt. Mit jeder Stufe der technologischen Entwicklung hat Lego die Anwendungsmöglichkeiten weiterentwickelt. Auffallend ist dabei, dass auch die Stores immer wieder Orte des Einsatzes der Innovation waren. Die Anwendungen reichen über verschiedene Phasen der Customer Journey bis zur Kundenbindungsphase – immer mit der

Marke entsprechenden spielerischen Elementen.[1] Für einen Anbieter im Spielwarenbereich scheint folgerichtig zu sein, entweder spielerische AR-Elemente in den Kaufprozess zu integrieren oder die Nutzung der Produkte über Gaming digital zu erweitern. Eine Übersichte zeigt Abb. 3.1:

Die erste AR-Anwendung von Lego wurde im Jahr 2009 eingeführt. Die Lego Digital Box ermöglichte es Kunden und Kundinnen im Lego-Store ihr Lego-Set zu scannen, um das Set in fertig gebautem Zustand betrachten zu können (Vacante, 2022). Aufgrund der damals nicht vorhandenen technologischen Möglichkeiten, diese Leistung über ein eigenes Gerät wie Smartphone oder Tablet abzurufen, war das Ladengeschäft der beste Ort für die Kunden, einen konkreten Eindruck vom Endprodukt zu bekommen. Durch die Anwendung am Point of Sale wurde so die Kaufunsicherheit verringert und der Weg zum Kauf verkürzt. Für die Zielgruppe der Kinder war die Anwendung darüber hinaus spielerisch ansprechend und verstärkte den Spaßfaktor. Die Lego Digital Box ist eine der auch heute noch genutzten AR-Anwendungen von Lego (Vacante, 2022; Abb. 3.2).

Eine begrenzte Lebensdauer hatte das Spiel ‚Life of George‘, in dem Lego erstmalig einen direkten Übergang zwischen der realen und der digitalen Welt herstellte. Grundlage des Spiels war eine Software, die Legosteine erkennen konnte. Die Herausforderung für die Spieler bestand darin, konkrete physische Modelle zu bauen, sie zu scannen und auf diese Weise Teil des Spiels werden zu lassen. Je nach Genauigkeit und Geschwindigkeit des Bauens konnte Punkte erlangt werden. Die Anwendung wurde 2015 eingestellt, stellt aber ein frühes Beispiel für das Verbinden der realen und der digitalen Welt dar (Vacante, 2022).

Ein ähnliches Konzept wurde mit den Lego Ultra Agents verfolgt. Rund um das Thema Spionage konnten sich Spieler und Spielerinnen durch Minispiele und andere Missionen arbeiten. Technologisch bahnbrechend war dies Spiel vor allem, weil hier erstmalig die AppBrick-Technologie zum Einsatz kam. Sie besteht aus einem speziellen kohlenstoffhaltigen LEGO-Stein, der Strom vom Finger des Nutzers zum Tablet leitet. So findet über diesen Lego-Stein der Übergang von der realen in die digitale Welt statt (Thita, 2015). Auch diese Anwendung wurde 2015 eingestellt. Die Anwendung Lego Fusion kombinierte ebenfalls reales Bauen mit Lego-Steinen und die Übernahme der Bauten in die digitale Welt. Der hierzu benötigte Marker war auf einer speziellen Platte aufgebracht, die über die Kamera von Smartphone oder Tablet das Erkennen der Spielsteine ermöglichte.

---

[1] Eine (nicht vollständige) Übersicht der AR-Anwendungen findet sich bei Vacante (2022).

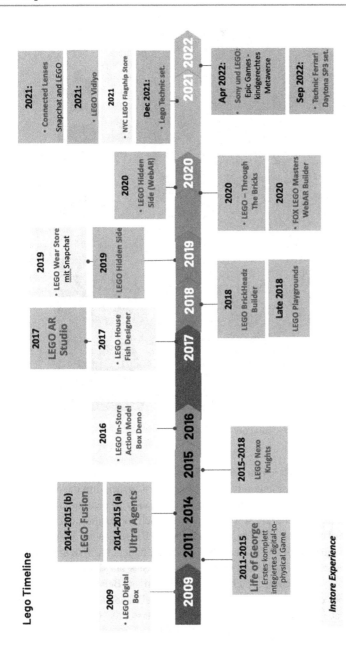

Abb. 3.1 Timeline Lego. (Eigene Darstellung in Anlehnung an Vacante, 2022)

Abb. 3.2 Lego Digital Box (Attractions Magazine, 2009)

Lego Nexo Knights ist ein weiteres Beispiel für ein Spiel, das – ausgehend von der TV-Serie – die Nutzer animiert, nach Markern zu suchen, um dadurch Belohnungen zu bekommen und das Smartphone-Spiel weiter spielen zu können. Hier ist interessant, dass die Marker sowohl digital als auch real existierten. Die Hauptquelle der Marker waren die Lego Nexo Knights Bausets, aber darüber hinaus waren sie u. a. auch auf Postern und der Website zu finden. Nach dem Launch im Jahr 2015 wurden 2018 keine neuen Nexo Knight-Sets auf den Markt gebracht. Die Anwendung unterscheidet sich von den vorherigen Beispielen insofern, als dass es sich bei dem Spiel um ein Smartphone-Spiel handelt, das lediglich Marker benötigt, aber keinen Übergang zwischen real erstellten Lego-Modellen und der digitalen Welt herstellt. Für einen solchen Übergang wurde entweder eine

Abb. 3.3 Lego AR Studio (LEGO.com 2017)

eigene Software oder zusätzlich noch ein konkretes Objekt benötigt. Dennoch wird deutlich, dass Lego sich hier schon sehr früh mit AR beschäftigt hat.

Mit der Einführung von Apples ARKit erweiterte sich das AR-Angebot von Lego. Die Einführung des Lego AR-Studios ermöglichte es Kindern reale Lego-Bausteine mit digitalen Versionen zu kombinieren. Durch Raumerkennung erfolgt die Platzierung im realen Raum. Es handelt sich hier also um Location-basierte AR (Vacante, 2022; Abb. 3.3).

Dieses Angebot hat Lego sukzessive um weitere AR-Spieleangeboten erweitert. Dazu kamen zwischen 2018 und 2019 z. B. der Lego BrickHeadz Builder, Lego Playgrounds und Lego Hidden Side, die nicht mehr verfügbar sind. Auch neuere Anwendungen stellen Varianten dieser früheren dar. So lassen sich z. B. auch Lego – Through The Bricks, Lego Technic, und das Lego Ferrari Daytona Set, die heute noch existieren bzw. neu eingeführt wurden, zu dieser Gruppe zählen.

Gleichzeitig wurden auch im stationären Handel über die digitale Box hinaus AR-Anwendungen eingesetzt. Im Jahr 2016 konnten Kinder nach dem Download einer speziellen App beim Besuch eines Lego Stores sehen, wie ihre favorisierten Lego-Minifiguren auf dem Tablet oder Smartphone lebendig wurden und so ein

Foto der Fans mit ihnen möglich machten. Dieses Angebot wurde auch auf einige Handelspartner ausgeweitet.

2019 eröffnete Lego zur Einführung ihrer Bekleidungsmarke Lego Wear in Kooperation mit Snapchat einen Pop-up-Store im Umfeld der London Fashion Week. Dieser Store verfügte über keinerlei Produkte zum Erwerb. Die Besucher und Besucherinnen konnten lediglich den an einem Sockel angebrachten Snapcode scannen. Dann ermöglichte das durch den Snap aufgerufene Portal den Käufern, einen virtuellen Laden mit einer interaktiven DJ-Kabine, einem LEGO-Türsteher und einem Spieleangebot zu betreten und exklusive Produkte direkt zu erwerben. Lego zielte mit diesem Angebot auf eine zwar junge, aber etwas ältere Zielgruppe, die sich mit den Nutzern und Nutzerinnen von Snapchat überschnitt (London, 2019; Abb. 3.4).

Snapchat und LEGO kooperierten 2021 erneut, um eine neue Art einer AR-erweiterten Snapchat Lens namens Connected Lenses einzuführen, mit dem Nutzer und Nuterinnen gemeinsam LEGO-Kreationen über Snapchat erstellen können, auch wenn sie sich nicht im selben physischen Raum oder in derselben Umgebung befinden (Vacante, 2022; Abb. 3.5).

Abb. 3.4 Lego Snapchat Store (London, 2019)

Abb. 3.5 Lego Connected Lenses (Gartenberg, 2021)

Lego hat außerdem in seinen 2021 eröffneten Flagship Store in New York City eine Reihe von immersiven Erlebnissen integriert. Da sich der Store an alle Zielgruppen richtet, nicht nur an Kinder, werden auch unterschiedliche AR-Anwendungen angeboten. Zu den erweiterten physisch-digitalen Erlebnissen gehört u. a. das Brick Lab, ein interaktives 20-minütiges immersives Erlebnis mit interaktiven animierten Inhalten, Beleuchtung, Ton und Musik. Das Personalisierungsstudio im Store bietet Besuchern außerdem an, ein personalisiertes Erinnerungsstück in LEGO-Form anfertigen zu lassen, zunächst als Porträt durch den Mosaic Maker, der das Foto in eine digitale Lego-Form umwandelt und als Minifigur aus der LEGO Minifigure Factory (Vacante, 2022; Schwab, 2021).

Zusammenfassend lassen sich bei Lego zwei Schwerpunkte erkennen: die Akquisephase bei der Einführung neuer Produkte oder Produktlinien und die Bindungsphase mit Cross-Selling-Angeboten. Durch den Spielzeugcharakter der Produkte ist es relativ einfach, Erweiterungen in Richtung AR einzuführen. Dennoch muss das Unternehmen immer wieder bewusst Entscheidungen treffen, um eine innovative Technologie einzusetzen. Dies wird sich vor allem dadurch deutlich, dass Lego schon vor Einführung von ARKIT und ARCore Anwendungen mit AR eingeführt hat.

Den Weg ins Metaverse beschreitet Lego zusammen mit Sony im Rahmen einer Kooperation mit Epic Games. Ziel dieser Zusammenarbeit soll ein eigens geschaffenes Metaverse für die Zielgruppe der Kinder unter 16 sein, das eine sichere und der Zielgruppe angemessene Umgebung darstellen soll. Aufgrund der bisherigen Informationen lassen sich noch keine genaueren Angaben dazu finden. Lego und Sony investieren beide je eine Milliarde Dollar (Petereit, 2022).

3.2 Adidas

Im Gegensatz zu Lego, das als Spielwarenhersteller die spielerische Komponente klar in den Mittelpunkt stellt, ist Adidas ein Bespiel dafür, wie vielfältig der Einsatz von AR im Bekleidungsbereich sein kann. Hier finden sich verschiedene Ansätze wieder, die ebenfalls sowohl den Store als auch rein digitale Anwendungen bis hin zu VR umfassen. Insbesondere bei Anwendungen wie der AdiVerse Wall stehen nicht nur die Kunden und Kundinnen im Mittelpunkt, sondern auch Kostenersparnisse durch verringerte Lagerkosten (Abb. 3.6).

Auffallend ist, dass sich Adidas noch weitaus früher als Lego mit AR-Anwendungen beschäftigt hat. Ihren ersten Einsatz hatte die Technologie bereits 2006. Das Fraunhofer Institut entwickelte für Adidas einen digitalen Spiegel, der als Try-on konzipiert war. Er wurde für Adidas anlässlich der Neueröffnung ihres Pariser mi Innovation Centers entwickelt. In einem schwarzen Kubus in der Mitte des Stores konnten Kunden individuelle Modelle entwerfen.

Neben der individuellen Anpassung an den linken und rechten Fuß konnten die Kunden dort das Design und die Farben des Schuhmodells verändern und mit individuellen Stickereien und Verzierungen versehen. Um dem Kunden einen Eindruck zu vermitteln, wie die Schuhe nach der Fertigung am Ende aussehen würden, konnte der Nutzer vor den virtuellen Spiegel treten. Der Fuß wurde gescannt, wie es vorher schon in den Adidas mi-Stores möglich war. Hier wurde aber erstmalig der virtuelle Spiegel eingesetzt, in dem Benutzer ihren personalisierten Schuh am eigenen Fuß sehen konnten, ohne die Schuhe aus- und anziehen zu müssen. In Abb. 3.7 sind die Ergebnisse des Try-ons zu sehen, die sich kaum von den heute existierenden unterscheiden. In der oberen Reihe ist die Originalansicht zu sehen, wie sie von der Kamera des virtuellen Spiegels aufgenommen wurde. Die untere Reihe zeigt die digitale Anprobe (Eisert et al., 2007).

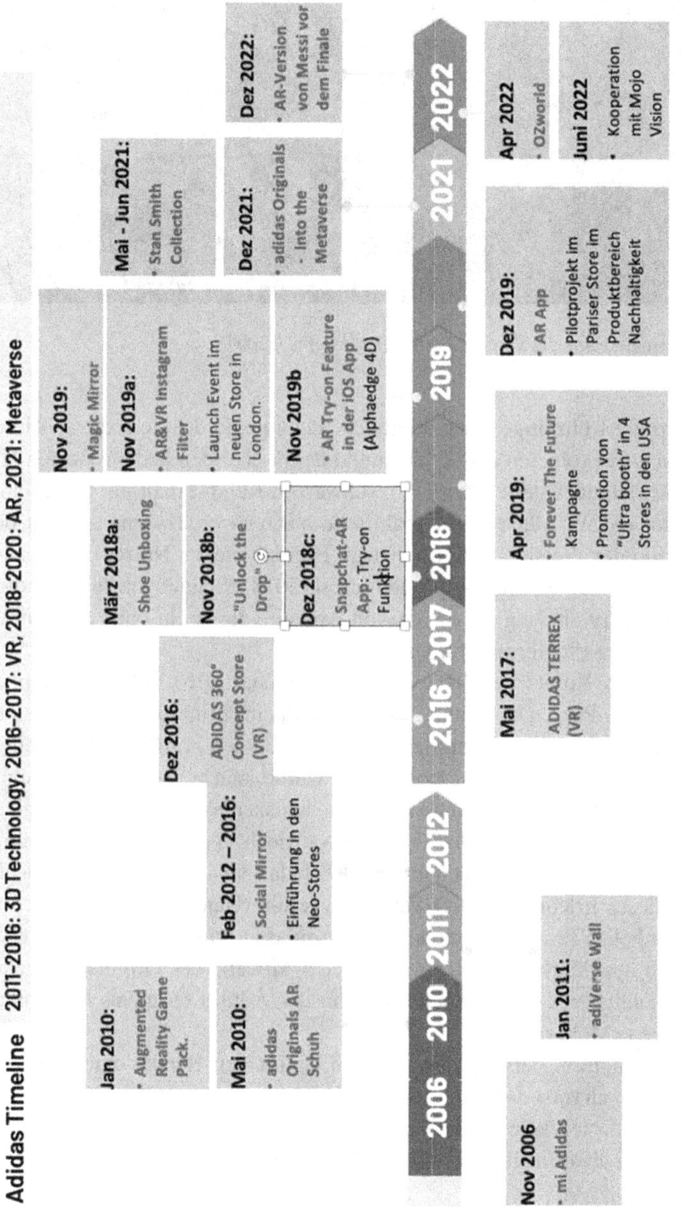

Adidas Timeline 2011–2016: 3D Technology, 2016–2017: VR, 2018–2020: AR, 2021: Metaverse

Nov 2006
- mi Adidas

Jan 2010:
- Augmented Reality Game Pack.

Mai 2010:
- adidas Originals AR Schuh

Jan 2011:
- adiVerse Wall

Feb 2012 – 2016:
- Social Mirror
- Einführung in den Neo-Stores

Dez 2016:
- ADIDAS 360° Concept Store (VR)

Mai 2017:
- ADIDAS TERREX (VR)

März 2018a:
- Shoe Unboxing

Nov 2018b:
- "Unlock the Drop"

Dez 2018c:
- Snapchat-AR App: Try-on Funktion

Apr 2019:
- Forever The Future Kampagne
- Promotion von "Ultra booth" in 4 Stores in den USA

Nov 2019:
- Magic Mirror

Nov 2019a:
- AR&VR Instagram Filter
- Launch Event im neuen Store in London.

Nov 2019b:
- AR Try-on Feature in der iOS App (Alphaedge 4D)

Dez 2019:
- AR App
- Pilotprojekt im Pariser Store im Produktbereich Nachhaltigkeit

Mai - Jun 2021:
- Stan Smith Collection

Dez 2021:
- adidas Originals - Into the Metaverse

Dez 2022:
- AR-Version von Messi vor dem Finale

Apr 2022
- OZworld

Juni 2022
- Kooperation mit Mojo Vision

2006 2010 2011 2012 2016 2017 2018 2019 2021 2022

Abb. 3.6 Timeline Adidas. (Eigene Darstellung)

Abb. 3.7 Virtueller Spiegel von mi Adidas (Eisert et al., 2007)

Hier wird die frühzeitige Integration der Technologie deutlich, die zu diesem Zeitpunkt das Ausprobieren und Erleben und damit eher den hedonistischen Nutzen in den Mittelpunkt stellt. Durch den schwarzen Kubus erhält die Präsentation einen Eventcharakter, während der praktische Nutzen von Try-ons erst mit dem Launch der mobilen Version 2018 überwiegt. Hier konnte der Nutzer die Sneakers virtuell auf Snapchat anprobieren (Hutchinson, 2018). Schließlich führte Adidas im November 2019 eine eigene AR-Try-on App ein, die direkt ohne den Umweg über Social Media Plattformen funktioniert.

Einen anderen Ansatz verfolgte Adidas im Januar 2010 mit dem Augmented Reality Game Pack. Der Schuh stand ebenfalls im Mittelpunkt, aber in einer gänzlich anderen Funktion. Wenn der Sneaker, in dessen Zunge ein Code eingebettet, vor die Kamera der Webcam gehalten wurde, tauchte auf dem Bildschirm eine virtuelle Welt auf, in der man mit dem Sneaker als Controller navigieren konnte. Die Darstellung der virtuellen Welt war noch klassisch zweidimensional und erinnerte eher an Pop-up-Bücher, aber durch das Navigieren mit dem Sneaker vermittelte dieses Erlebnis ein 3-D-Perspektivgefühl (Ganapati, 2009; Abb. 3.8).

Einem ähnlichen Prinzip folgten auch die Adidas Originals Augmented Reality Shoes. Durch den Marker auf der Zunge der 5 Modelle der Originals Sneakers konnte man online auf eine virtuelle Version der Adidas Originals Community geleitet werden (Mokey, 2010).

Adidas verfolgte in der Frühzeit auch im stationären Handel einen besonderen Ansatz. Das adiVerse war eine virtuelle Wand für Adidas Flagshipstores. Um den Store zu entlasten, alle Modelle vor Ort präsentieren zu müssen, wurde eine Wand mit einem überdimensionalen Bildschirm versehen. Diese interaktive Wand

Abb. 3.8 Adidas Augmented Reality Game Pack (Ganapati, 2009)

zeigte bis zu 8000 verschiedene Modelle und ihre Varianten. Auf dem Touchs-
creen konnten sich Kunden mit der Berührung ihrer Finger durch das Sortiment
wischen. Die Schuhe ließen sich drehen und aus verschiedenen Perspektiven
betrachten. Darüber hinaus konnten zusätzliche Informationen abgerufen werden. Die 3D-Wand hatte einen klaren Nutzen für kleine Einzelhandelsflächen.
Die Bestände mussten nicht komplett vor Ort vorhanden sein, sondern nur eine
Modellvariante jeder Größe zum Anprobieren (intel, 2010). Der Erlebnisfaktor
für Kunden und Kundinnen wurde auf diese Weise mit einer Kostenreduktion für
die Lagerhaltung verbunden. Die Anschaffungs -und die Betriebskosten de sadi-
Verse sind nicht bekannt. Es bleibt ebenfalls unklar, wie viele Stores damit
ausgerüstet wurden.

Im Rahmen des Adidas-Marke Neo, deren Zielgruppe Teenager im Alter von
14 bis 19 Jahren waren, wurden sogenannte Social Mirrors eingeführt. Der Neo
Mirror – installiert in 50 Geschäften weltweit – verfügte über eine integrierte

Touchscreen-Kamera und ermöglicht es Kunden, Fotos über Facebook und Twitter direkt aus der Umkleidekabine hochzuladen und zu teilen (Kerr Smith, 2016; Abb. 3.9).

Bei dem NEO Mirror handelte es sich also nicht um einen Try-on Spiegel, sondern um die Verknüpfung des Spiegels mit Social Media-Plattformen. Adidas stellte die Marke NEO 2016 ein und damit verschwanden auch die Social Mirrors (Preuss, 2016).

Im Jahr 2019 wurde vor allem an der In-Store-Experience gearbeitet. Gleich drei verschiedene AR-Features wurden an unterschiedlichen Orten eingeführt. Zur Einführung der Adidas Ultraboost Sneakers wurde eine AR-Anwendung in verschiedenen US-amerikanischen Stores eingesetzt (Rotberg, 2019).

In London wurden im neu eröffneten Flagship Store Magic Mirrors installiert. Auch diese Magic Mirrors waren keine Try-ons im klassischen Sinne, unterstützen aber den Informations- und Auswahlprozess, indem Kunden und Kundinnen, nachdem der Spiegel das Produkt erkannt hatte, weitere Informationen bekommen konnten und nach anderen Größen oder Farben suchen konnten, ohne die Umkleidekabine zu verlassen. Um die Kleidung in einem anderen Ambiente zu erleben, konnten unterschiedliche Hintergründe im Spiegel ausgewählt werden, die der echten Außenumgebung entsprachen (Rethink.industries, 2019).

Abb. 3.9 Neo Social Mirror (Kerr Smith, 2016)

Abb. 3.10 Magic Mirror im London Flagshipstore (Rotberg, 2019)

Der Auswahlprozess wurde dadurch bequemer, schneller und enthielt gleichzeitig eine spielerische Komponente (Abb. 3.10).

Im Rahmen der Eröffnung wurden ebenfalls drei neue Social Media-Filter veröffentlicht, die exklusiv den eingeladenen Gästen zur Verfügung gestellt wurden. Obwohl es sich also um Smartphonefilter handelte, war trotzdem die Anwesenheit im Store notwendig, um sie anwenden zu können. Ein Filter, direkt auf die Fußballeuropameisterschaft 2020 bezogen, enthielt eine Freistoß-Challenge, deren Resultate wiederum per Instagram geteilt werden konnten (Nexis Studios, o. D.). Mehrere unterschiedliche AR-Anwendungen wurden so integriert, um eine besondere Erfahrung zu ermöglichen (Abb. 3.11).

Nach einer AR-Anwendung zum Release der nachhaltigen Stan Smith-Sneakers wandte sich Adidas dem Metaverse zu. In dieser virtuellen Welt ist Adidas auf verschiedenen Plattformen unterwegs, insbesondere auf Sandbox. So entwickelte Adidas im vergangenen Jahr eine Kollektion von NFTs[2] in Kooperation mit dem Bored Ape Yacht Club, einem der Vorreiter des Metaverse (Silbert, 2022). Auch die Ozworld Sneakers-Reihe wurde zunächst im Metaverse gelauncht, um dann als reales Produkt angeboten zu werden (Chow, 2022).

---

[2] Non Fungible Tokens.

Abb. 3.11 Instagram Filter
zur Euro 2020 (Nexis
Studios, o. D.)

Adidas ist ein besonderes Beispiel dafür, dass bereits frühzeitig versucht wurde,
die Technologie zu nutzen und zu integrieren. Dies zeigt sich ebenfalls erneut
bei dem Metaverse. Adidas deckte mit seinen AR-Anwendungen die gesamte
Customer Journey ab. Von klassischen Filtern über verkaufsunterstützenden Maß-
nahmen – auch, um die Zielgruppe in die Stores zu bewegen – bis hin zur
Kundenbindung sind alle Phasen berücksichtigt worden.

Als neues Projekt startete Adidas eine Kooperation mit Mojo Vision, um eine Daten trackende Kontaktlinse auf den Markt zu bringen. Die augengesteuerten intelligenten Kontaktlinsen sollten über ein integriertes Display verfügen, um Fitnessleistungsdaten und AR-Grafiken zu projizieren, ohne das natürliche Sichtfeld eines Benutzers vollständig zu behindern (Cohen, 2022). Aufgrund von fehlendem Kapital hat Mojo Vision inzwischen allerdings die Forschungs- und Entwicklungsaktivitäten für die AR-Kontaktlinse eingestellt (Greener, 2023).

Zusammenfassend ist Adidas im Vergleich zu Lego früher und vielfältiger bei den relevanten Technologien eingestiegen. Sowohl bei AR als auch im Metaverse gehörten sie zu den Pionieren. Dies macht noch einmal die unterschiedliche strategische Ausrichtung deutlich, obwohl bei beiden Unternehmen AR eine wichtige Rolle spielte. Es bleibt abzuwarten, ob AR seinen innovativen Charakter bei beiden Unternehmen behalten wird oder vom Metaverse abgelöst wird.

Fazit und Ausblick

4

Die Beispiele haben gezeigt, dass AR als Technologie inzwischen zu einem festen Bestandteil des E-Commerce geworden ist. Der Hype um das Metaverse sollte nicht den Blick dafür verstellen, dass AR viele Möglichkeiten bietet, Kunden und Kunden zu gewinnen und zu binden. Dabei ist zu beachten, dass jeweils das entsprechende Marketingziel in den Mittelpunkt gestellt wird. Die Fülle der Beispiele zeigt darüber hinaus auch, dass es für jede Zielrichtung entsprechende kreative Möglichkeiten gibt, die Kunden in der entsprechenden Kaufphase ihrer Customer Journey zu erreichen und zu begeistern. Je nach Zielgruppe lassen sich die entsprechenden Anwendungen gezielt einführen.

Dass es aufgrund der fehlenden Datenlage nicht möglich war, das Thema der Kosten fundiert zu betrachten, bedeutet aber nicht, dass die Unternehmen bei der Anwendung von AR die Kosten vernachlässigen sollten, sondern im Gegenteil solide kalkulieren müssen. Wobei beachtet werden muss, dass beim Ziel der Markenbekanntheit eine direkte Konversion nicht möglich ist und auf die Zukunft der Marke eingezahlt wird. Ebenso kann die Einführung von AR bedeuten, dass das Unternehmen als technologisch fortschrittlich wahrgenommen wird und so das Image verbessert wird. Der große Vorteil dieser Technologie ist ihre einfache Anwendbarkeit und damit verbunden ihre Akzeptanz. Es bleibt aber immer zu hinterfragen, ob AR tatsächlich die avisierten Ziele erreicht oder nur als nette Spielerei ohne konkreten Nutzen für das Unternehmen wahrgenommen wird.

Die beiden Unternehmen Lego und Adidas haben bei der Einführung von verschiedensten AR-Möglichkeiten gezeigt, dass nicht jede Anwendung zu einem langfristigen Erfolg geführt hat. Insbesondere in der Zeit vor 2017 waren die Ansätze mit hohem Innovationsgrad und dementsprechend hohen Risiko verbunden. Sie sind aber gute Beispiele dafür, dass die Welt der Augmented Reality

V. von Gizycki, *Augmented Reality im Marketing*, essentials, https://doi.org/10.1007/978-3-658-42177-9_4

sehr vielseitig ist, auch wenn man nur die E-Commerce- und Marketingaspekte betrachtet.

Im Bereich der Smart Glasses wird sich auch in den nächsten Jahren noch einiges entwickeln. So hat Meta bereits angekündigt, dass neue AR-Brillen im Jahr 2025 auf den Markt kommen werden (Rotter, 2023). Das erste AR-Device von Meta sollte noch im Herbst 2023 veröffentlicht werden, 2025 soll dann die dritte Generation der Smart Glasses mit einem Display ausgeliefert werden. So sollen eingehende Textnachrichten angezeigt, QR-Codes gescannt und sogar Texte in anderen Sprachen in Echtzeit übersetzt werden können. Die Technologie soll es dem Nutzer ermöglichen, die Brille durch Handbewegungen zu steuern und eine virtuelle Tastatur vor das Auge des Nutzers zu projizieren zu bekommen, mit der dann Nachrichten geschrieben werden können (Rotter, 2023). Der Launch von AR Kontaktlinsen von Mojo Vision wurde aber inzwischen wieder abgesagt wurde.

Es bleibt abzuwarten, ob die smarten AR Brillen sich im Markt schnell und problemlos durchsetzen. Durch die Überall-Verfügbarkeit der Smartphones verringert sich der Nutzen einer extra dafür aufgesetzten Brille und dadurch auch die Bereitschaft, dafür zusätzlich Geld zu investieren. Auf jeden Fall wird AR auch in der Zukunft im E-Commerce eine nicht mehr wegzudenkende Rolle spielen.

Was Sie aus diesem *essential* mitnehmen können

- best practices als Anregung für Ihre AR-Anwendungen im Marketing
- Möglichkeiten der zielgerichteten Ansprache Ihrer Zielgruppen durch AR

Literatur

Abbas, F. (2022). *Digital transformation supports advancements in plastic surgery.* Omnia Health. https://insights.omnia-health.com/technology/digital-transformation-supports-advancements-plastic-surgery. Zugegriffen: 24. Febr. 2023.

ARD/ZDF. (2022). Onlinestudie 2022. https://www.ard-zdf-onlinestudie.de/files/2022/ARD_ZDF_Onlinestudie_2022_Publikationscharts.pdf. Zugegriffen: 20. Febr. 2023.

Arena, F., Collotta, M., Pau, G., & Termine, F. (2022). An overview of augmented reality. *Computers, 11*(2), 28. https://doi.org/10.3390/computers11020028. Zugegriffen: 20. Febr. 2023.

Arvar. (2020). Fitting clothes in AR format from Timberland. https://arvar.org/en/cases/fitting-clothes-in-ar-format-from-timberland/. Zugegriffen: 23. Febr. 2023.

Attractions Magazine. (2009). Cool 3D animated box at the Lego store. https://attractionsmagazine.com/cool-3d-animated-digital-box-at-the-lego-store/. Zugegriffen: 23. Febr. 2023.

Bain, M. (2023). *How luxury is using augmented reality.* Business of Fashion. https://www.businessoffashion.com/articles/technology/how-luxury-is-using-augmented-reality/. Zugegriffen: 22. Febr. 2023.

Banrock Station. (o. D.). https://banrock-station.arweb.app. Zugegriffen: 24. Febr. 2023.

Becker, L., & Jaakkola, E. (2020). Customer experience: Fundamental premises and implications for research. *Journal of the Academy of Marketing Science, 48,* 630–648. https://www.researchgate.net/publication/338555044_Customer_experience_fundamental_premises_and_implications_for_research. Zugegriffen: 20. Febr. 2023.

Bihler. (2023). AR Remote Service für Bihler-Maschinen. https://www.bihler.de/de/werkzeugmaschinen-support/ar-remote-service.html. Zugegriffen: 24. Febr. 2023.

Bitkom. (2021). Augmented Reality und Virtual Reality – Potenziale und praktische Anwendung immersiver Technologien. https://www.bitkom.org/sites/default/files/2021-04/210330_lf_ar_vr.pdf. Zugegriffen: 24. Febr. 2023.

Bitkom. (2023). Fact sheet: Augmented Reality (AR) & Virtual Reality (VR) 2022/23. https://www.bitkom.org/sites/main/files/2022-10/220920_FS_AR_VR.pdf%20Zugriff%20am%2023.2.2023. Zugegriffen: 23. Febr. 2023.

Böhm, M. (3. Juli 2022). Warum mir Ikea die Bude leer räumt. *Spiegel.* https://www.spiegel.de/netzwelt/apps/ikea-kreativ-ausprobiert-das-kann-die-neue-mixed-reality-funktion-der-ikea-app-a-5ad676e4-dc86-4784-872f-1ca4d1f05bc9. Zugegriffen: 24. Febr. 2023.

Boland, M. (2021). How do consumers feel about ar shopping? *ARInsider*. https://arinsider. co/2021/02/15/how-do-consumers-feel-about-ar-shopping/. Zugegriffen: 20. Febr. 2023.

Bonetti, F., Warnaby, G., & Quinn, L. (2017). *Augmented reality and virtual reality in physical and online retailing: A review, synthesis and research agenda*. Springer.

Bonetti, F., Warnaby, G., & Quinn, L. (2018). Augmented reality and virtual reality in physical and online retailing: A review, synthesis and research agenda. In T. Jung & C. M. tom Dieck (Hrsg.), *Augmented reality and virtual reality. Empowering human, place and business*. Springer.

Buycustom. (2021). Snapchat geofilters: Everything you need to know. https://www.buy customgeofilters.com/blog/snapchat-geofilters-everything-you-need-to-know. Zugegriffen: 23. Febr. 2023.

Caboni, F., & Hagberg, J. (2019). Augmented reality in retailing: A review of features, applications and value. *International Journal of Retail & Distribution Management, 47*(11), 1125–1140. https://doi.org/10.1108/IJRDM-12-2018-0263,Zugriffam20.2.2023.

Campillo-Lundbeck, S. (22. Juli 2022). Auch Rewe verzichtet zukünftig auf gedruckte Werbe-Prospekte. *Horizont*. https://www.horizont.net/marketing/nachrichten/ab-2023-auch-rewe-verzichtet-kuenftig-auf-gedruckte-werbeprospekte-201577. Zugegriffen: 24. Febr. 2023.

CAVR. (o. D.). Billa Bricks Loyalty – AR storytelling. https://cavr.ca/project/billa-bricks-loy alty-program/. Zugegriffen: 24. Febr. 2023.

Chen, R., Boardman, R., Perry, P., & Mccormick, H. (2021). Augmented reality in retail: A systematic review of research foci and future research agenda. *International Journal of Retail & Distribution Management, 20*(4), 498–518.

Cherenko, P. L. (2017) Acceptance of augmented reality in M-commerce: The role of consumers' motivation, drivers and barriers. https://dspace.spbu.ru/bitstream/11701/9724/1/ Cherenko_Master_Thesis.pdf. Zugegriffen: 24. Febr. 2023.

Chow, A. (22. April 2022). Adidas launches new OZWORLD footwear and metaverse experience. *Hypebeast*. https://hypebeast.com/2022/4/adidas-originals-ozworld-collection-rel ease-info. Zugegriffen: 23. Febr. 2023.

Cohen, A. (2022). Adidas runs with smart contact lens developer mojo vision. *Sports Business Journal*. https://www.sportsbusinessjournal.com/Daily/Issues/2022/01/05/Techno logy/adidas-runs-with-smart-contact-lens-developer-mojo-vision. Zugegriffen: 24. Febr. 2023.

Court, D., Elzinga, D., Mulder, S., & Vetvik, O. J. (2009). The consumer decision journey. *McKinsey Quarterly, Juni 2019* https://www.mckinsey.com/capabilities/growth-market ing-and-sales/our-insights/the-consumer-decision-journey. Zugegriffen: 20. Febr. 2023.

Dacko, S. G. (2017). Enabling smart retail settings via mobile augmented reality shopping apps. *Technological Forecasting and Social Change, 124*, 243–256.

Dawson, C. (2022). Marks & Spencer Virtual Try-on pilot. *Channel X, 12.1.2023*. https://cha nnelx.world/2023/01/marks-spencer-virtual-try-on-pilot/. Zugegriffen: 23.3.2023.

Elder, A., Ring, C., Heitmiller, K., Gabriel, Z., & Saedi, N. (2020). The role of artificial intelligence in cosmetic dermatology – Current, upcoming, and future trends. *Journal of Cosmetic Dermatology, 20*(1), 48–52.

Eisert, P., Rurainsky, J., & Fechteler, P. (2007). Virtual mirror: Real-time tracking of shoes in augmented reality environments. In *Conference paper in proceedings, international conference on image processing (2007)* (S. 1–4).

Eugeni, R. (2022). Augmented reality filters and the faces as brands: Personal identities and marketing strategies in the age of algorithmic images. https://www.researchgate. net/publication/361335392_Augmented_Reality_Filters_and_the_Faces_as_Brands_ Personal_Identities_and_Marketing_Strategies_in_the_Age_of_Algorithmic_Images. Zugegriffen: 22. Febr. 2023.

Ganapati, P. (2009). Adidas turns the sneaker into an augmented reality device. *Wired.* https://www.wired.com/2009/12/adidas-sneaker-augmented-reality/. Zugegriffen: 23. Febr. 2023.

Gartenberg, C. (20. Mai 2021). Snapchat gets augmented reality Legos you can build with a friend. *The Verge.* https://www.theverge.com/2021/5/20/22445495/snapchat-connected-lenses-ar-friends-lego. Zugegriffen: 23. Febr. 2023.

gbksoft. (15. März 2021). Facial recognition and augmented reality in plastic surgery apps. *Altamira.* https://www.altamira.ai/blog/facial-recognition-and-augmented-reality-in-plastic-surgery-apps/. Zugegriffen: 24. Febr. 2023.

German Brand Award. (2020). BVG Jelbi – Harte Tür. https://www.german-brand-award. com/preistraeger/galerie/detail/31289-bvg-jelbi-harte-tuer.html. Zugegriffen: 23. Febr. 2023.

Ginsburg, R. (8. Juli 2022). Augmented reality in retail: How retailers are using ar for better shopping experiences. *Shopify.* https://www.shopify.com/retail/how-retailers-are-using-ar-technology-to-build-buzz-and-brand-awareness. Zugegriffen: 24. Febr. 2023.

Giuri, M. (2021). Marks & Spencer testet Augmented Reality. *Lebensmittelzeitung.* https:// www.lebensmittelzeitung.net/tech-logistik/nachrichten/instore-navigation-per-handy-kamera-marks-spencer-testet-augmented-reality-162858. Zugegriffen: 24. Febr. 2023.

Grün, F.-O. (4. Dezember 2018). Devices-App: Haussteuerung mit Augmented Reality. *Digitalzimmer.* https://www.digitalzimmer.de/artikel/news/devices-app-haussteuerung-mit-augmented-reality/. Zugegriffen: 23. Febr. 2023.

Greener, R. (12. Januar 2023). Mojo cancels AR contact lens. *XR Today.* https://www. xrtoday.com/augmented-reality/mojo-vision-cancels-ar-contact-lens/. Zugegriffen: 24. Febr. 2023.

Grzegorczyk, T., Sliwinski, R., & Kaczmarek, J. (2019). Attractiveness of augmented reality to consumers. *Technology Analysis & Strategic Management, 31*(11), 1257–1269. https:// www.tandfonline.com/doi/abs/10.1080/09537325.2019.1603368?role=button&needAc cess=true&journalCode=ctas20. Zugegriffen: 20. Febr. 2023.

Han, D.-I., & Jung, T. (2018). Augmented and virtual reality in tourism. In T. Jung & M. C. tom Dieck (Hrsg.), *Augmented reality and virtual reality. Empowering human, places and business.* Springer.

Herdina, M. (2020). Augmented reality disappeared from Gartner's hype cycle – What's next? https://arpost.co/2020/09/25/augmented-reality-gartners-hype-cycle/. Zugegriffen: 20. Febr. 2023.

Hutchinson, A. (2018). Snapchat lets you virtually try on the latest Adidas sneakers in new ar promotion. *Social Media Today, 12.12.2028.* https://www.socialmediatoday.com/ news/snapchat-lets-you-virtually-try-on-the-latest-adidas-sneakers-in-new-ar-pro/544 139/. Zugegriffen: 24. Febr. 2023.

Ikea.com. Ikea Kreativ – bring your ideal home to life. https://www.ikea.com/us/en/home-design/. Zugegriffen: 24. Febr. 2023.

Intel. (2010). adiVerse – Virtual Footwear Wall with Adidas and Intel, Press Release. https://
www.intel.com/content/dam/doc/solution-brief/digital-signage-vpro-adiverse-brief.pdf.
Zugegriffen: 23. Febr. 2023.

Jaakkola, E., Becker, L., & Panina, E. (2022). Understanding and managing customer experiences. *10*, 1007. https://www.researchgate.net/publication/360995889_Understanding_
and_Managing_Customer_Experiences. Zugegriffen: 22. Febr. 2023.

Jaehnig, J. (20. November 2019). Adidas AR experience draws attention to oceans. *ARpost*.
https://arpost.co/2019/11/20/adidas-ar-experience-draws-attention-to-oceans/. Zugegriffen: 23. Febr. 2023.

Jansen, C. (22. Oktober 2019). Augmented Reality-based User Manual – Innovative way to
guide the users. *WhaTech*. https://www.whatech.com/og/mobile-apps/blog/613706-aug
mented-reality-based-user-manual-innovative-way-to-guide-the-users. Zugegriffen: 24.
Febr. 2023.

Javornik, A. (2016). Augmented reality: Research agenda for studying the impact of its
media characteristics on consumer behaviour. *Journal of Retailing and Consumer Services, 30*, 252–261.

Kaliraj, P., & Devi, T. (Hrsg.). (2022). *Innovating with augmented reality – Applications in
education and industry* (S. 54–55). CRC Press, Oxon.

Karimi, H. A. (2004). *Telegeoinformatics: Location-based computing and services.* CRC
Press.

Kerr Smith, J. D. (26. Juli 2016). Adidas NEO social mirror. *Behance*. https://www.behance.
net/gallery/41063515/Adidas-NEO-Social-Mirror. Zugegriffen: 23. Febr. 2023.

Kotler, P., & Keller, K. L. (2016). *Marketing management* (15. Aufl.). Pearson Educational.

Lemon, K. N., & Verhoef, P. C. (2016). Understanding customer experience throughout the
customer journey. *Journal of Marketing, 80*(6), 69–96.

Lenslist. (2023). Teamoreofans. https://www.intotheminds.com/blog/en/lego-store-new-
york/. Zugegriffen: 23. Febr. 2023.

liveanimations.org. (2022). Singing Farm, AR Loyalty Program for the BILLA Supermarket
Chain, https://liveanimations.org/singing-farm-billa/. Zugegriffen: 24. Febr. 2023.

London, L. (13. Februar 2019). LEGO and Snapchat Just Opened a Clothing Store With
No Clothes In It. *Forbes*. https://www.forbes.com/sites/lelalondon/2019/02/13/lego-
and-snapchat-just-opened-a-clothing-store-with-no-clothes-in-it/?sh=4f5831427435.
Zugegriffen: 23. Febr. 2023.

Lu, Y., & Shana, S. S. (2007). Augmented reality E-commerce assistant system: Trying while
shopping. In J. A. Jacko (Hrsg.), *Human-computer interaction. Interaction platforms and
techniques* (Bd. 4551, S. 643–652). Springer.

Lu, S. (18. Januar 2011). The ultimate retail therapy with the adiVerse virtual footwear wall.
Trendhunter. https://www.trendhunter.com/trends/adiverse-virtual-footwear-wall. Zugegriffen: 23. Febr. 2023.

Mandal, S. (2013). Brief introduction of virtual reality & its challenges. *International Journal
of Scientific & Engineering Research, 4*(4), 304–309.

McDowell, M. (21. Mai 2021). Snapchat boosts AR try-on tools: Farfetch, Prada dive in.
Vogue Business. https://www.voguebusiness.com/technology/snapchat-boosts-ar-try-on-
tools-farfetch-prada-dive-in. Zugegriffen: 23. Febr. 2023.

Milgram, P., Takemura, H., Utsumi, A., & Kishino, F. (1994). Augmented Reality: A class of displays on the reality-virtuality continuum, Telemanipulator and Telepresence technologies 2351. https://www.researchgate.net/publication/228537162_Augmented_reality_A_class_of_displays_on_the_reality-virtuality_continuum. Zugegriffen: 22. Febr. 2023.

ModiFace. (2022). Augmented reality tech for beauty brands. https://modiface.com. Zugegriffen: 24. Febr. 2023.

Mokey, N. (11. Mai 2010). Adidas embraces augmented reality with shoes, marketing. *Digitaltrends.* https://www.digitaltrends.com/cool-tech/adidas-embraces-augmented-reality-with-shoes-marketing/. Zugegriffen: 23. Febr. 2023.

Morozova, A. (o. D.). Augmented reality for packaging. https://jasoren.com/augmented-reality-packaging/. Zugegriffen: 24. Febr. 2023.

Murphy, N. (18. September 2017). Visual Trust Initiative provides supply chain transparency. *Food Processing.* https://www.foodprocessing.com.au/content/materials-handling-storage-and-supply-chain/news/visual-trust-initiative-provides-supply-chain-transparency-143413708. Zugegriffen: 23. Febr. 2023.

Nexus Studios. (o. D.). Facebook x Adidas – Adidas AR. https://nexusstudios.com/work/adidas-ar/. Zugegriffen: 24. Febr. 2023.

Okazaki, S., Li, H., & Hirose, M. (2012). Benchmarking the use of QR code in mobile promotion: Three studies in Japan. *Journal of Advertising Research, 102–117.*

Parr, J. (20. Januar 2022). M&S launches in-store AR shopping app. *Retail Gazette.* https://www.retailgazette.co.uk/blog/2022/01/ms-launches-in-store-ar-shopping-app/. Zugegriffen: 24. Febr. 2023.

Pantano, E., Rese, A., & Baier, D. (2017). Enhancing the online decision-making process by using augmented reality: A two country comparison of youth markets. *Journal of Retailing and Consumer Services, 38,* 81–95. https://doi.org/10.1016/j.jretconser.2017.05.011 Zugriffam20.2.2023.

Pantano, E., & Di Pietro, L. (2012). Understanding consumer's acceptance of technology-based innovations in retailing. *Journal of Technology Management & Innovation, 7*(4), 1–19. https://www.researchgate.net/publication/236606388_Understanding_Consumer%27s_Acceptance_of_Technology-Based_Innovations_in_Retailing. Zugegriffen: 20. Febr. 2023 .

Pearce, P. (24. November 2019). How to use AR (augmented reality) to improve the customer experience. *HubSpot.* https://blog.hubspot.com/service/augmented-reality-customer-experience. Zugegriffen: 24. Febr. 2023.

Pence, H. E. (2010). Smartphones, smart objects, and augmented reality. *The Reference Librarian, 52*(1), 136–145.

Pennington, A. (2021). The AR/VR Market Will Be Worth $766 Billion by 2025… Possibly. *NAB Amplify.* https://amplify.nabshow.com/articles/the-ar-vr-market-will-be-worth-766-billion-by-2025-possibly/. Zugegriffen: 24. Febr. 2023.

Petruse, R., & Bondrea, I. (2014). Augmented reality. A review on technology and applications. *ACTA Uiversitatis Cibiniesis – Technical Series, 64*(1), 63–68.

Poplar.studio. (2021). Wahaca – Agumented reality menu. https://poplar.studio/case-studies/wahaca-augmented-reality-menu/. Zugegriffen: 24. Febr. 2023.

Porter, M. E., & Heppelmann, J. E. (2017). Why every organization needs an augmented reality strategy. *Harvard Business Review.* https://hbr.org/2017/11/why-every-organization-needs-an-augmented-reality-strategy. Zugegriffen: 24. Febr. 2023.

Poushneh, A. (2018). Augmented reality in retail: A trade-off between user's control of access to personal information and augmentation quality. *Journal of Retailing and Consumer Service, 41*, 169–176.

Preuss, S. (10. Mai 2016). Adidas schließt alle neo-Filialen in Europa. *Fashion United*. https://fashionunited.de/nachrichten/einzelhandel/adidas-schliesst-alle-neo-filialen-in-europa/2016051020126. Zugegriffen: 23. Febr. 2023.

Prevett, A. (2021). Rewards Easter Egg hunt augmented reality game. https://andyprevett. com/rewards-easter-egg-hunt/. Zugegriffen: 24. Febr. 2023.

Priebe, A. (22. März 2019). Burger King lässt Kunden Werbung der Konkurrenz verbrennen. *Onlinemarketing.de*. https://onlinemarketing.de/cases/burger-king-werbung-konkurrenz-verbrennen. Zugegriffen: 23. Febr. 2023.

Prösel, K. (2023). Digital Media Status Quo, Präsentation, Januar 2023.

Purina. (o. D.). The Purina One 28 Day Challenge for dogs. https://www.purina.com/purina-one/dogs/28-day-challenge-info. Zugegriffen: 24. Febr. 2023.

Purina 28 Day Challenge Purina One AR. (o. D.). https://one28daychallengear.purina.com. Zugegriffen: 24. Febr. 2023.

Qin, H., Peak, D. A., & Prybutok, V. (2021). A virtual market in your pocket: How does mobile augmented reality (MAR) influence consumer decision making? *Journal of Retailing and Consumer Services, 58*, 102337. https://doi.org/10.1016/j.jretconser.2020. 102337. Zugegriffen: 20. Febr. 2023.

Retail Technology Innovation Hub. (21. März 2021). Accolade Wines flags environmental work with Zappar augmented reality tech. https://retailtechinnovationhub.com/home/ 2022/3/21/accolade-wines-flags-environmental-work-with-zappar-augmented-reality-tech. Zugegriffen: 24. Febr. 2023.

Rethink.industries. (1. November 2019). Adidas London Is the 'Flagship of the Future'. *Rethink Retail*. https://rethink.industries/article/adidas-london-is-the-flagship-of-the-fut ure/. Zugegriffen: 24. Febr. 2023.

Riar, M., Xi, N., Korbel, J.J., Zarnekow, R., & Hamari, J. (2022). Using augmented reality for shopping: A framework for AR induced consumer behavior, literature review and future agenda. *Internet Research*, Vol. ahead-of-print No. ahead-of-print. https://doi.org/ 10.1108/INTR-08-2021-0611. Zugegriffen: 20. Febr. 2023.

Rondinella, G. (25. September 2019). Jelbi und Snapchat erwecken Plakatmotive zum Leben. *Horizont*. https://www.horizont.net/tech/nachrichten/augmented-reality-jelbi-und-snapchat-erwecken-plakatmotive-zum-leben-177798. Zugegriffen: 24. Febr. 2023.

Rotberg, F. (18. November 2019). Revival des interaktiven Spiegels. *Invidis*. https:// invidis.de/2019/11/adidas-puma-co-revival-des-interaktiven-spiegels/. Zugegriffen: 24. Febr. 2023.

Rotter, B. (1. März 2023). So plant Meta die Zukunft mit Augmented und Virtual Reality. *T3n*. https://t3n.de/news/meta-zukunft-augmented-virtual-reality-ar-vr-1537999/. Zugegriffen: 23. Febr. 2023.

Ro, Y. K., Brem, A., & Rauschnabel, P. A. (2018). Augmented reality smart glasses: Definition, concepts and impact on firm value creation. In T. Jung & M. C. tom Dieck (Hrsg.), *Augmented reality and virtual reality. Empowering human, places and business* (S. 169). Springer.

Rosenberg, L. (1992). The use of virtual fixtures as perceptual overlays to enhance operator performance in remote environments. https://www.researchgate.net/publication/235116 787_The_Use_of_Virtual_Fixtures_as_Perceptual_Overlays_to_Enhance_Operator_P erformance_in_Remote_Environments. Zugegriffen: 23. Febr. 2023.

Scholz, J., Madsen N., & Clausen, C. (13. November 2017). How to improve the retail experience with virtual fitting rooms. *Marketingsquad*. https://www.marketingsquad.net/ar/ret ail-experience/. Zugegriffen: 23. Febr. 2023.

Schwab, P. N. (15. Oktober 2021). Lego-store New York: Personalization and phygital on the agenda. *Into the minds*. https://www.intotheminds.com/blog/en/lego-store-new-york/. Zugegriffen: 23. Febr. 2023.

Silbert, J. (2022). Adidas steps into the metaverse with debut NFT collection. *High Snobiety*. https://www.highsnobiety.com/p/adidas-metaverse-nft-collection-bored-ape-yacht-club/. Zugegriffen: 23. Febr. 2023.

Sizer. (2022). 97% accurate AI powered body-measuring technology. https://sizer.me. Zugegriffen: 23. Febr. 2023.

Snap. (2022). Augmentality shift – U.S. report. https://forbusiness.snapchat.com/augmental ityshift-us. Zugegriffen: 24. Febr. 2023.

Stenina, M. (4. Mai 2022). 4 ways AR transforms the customer journey. *Wikitude*. https:// www.wikitude.com/blog-4-ways-ar-transforms-the-customer-journey/. Zugegriffen: 24. Febr. 2023.

Teads. (2021). Studie zur Effektivität von Videowerbung. https://www.bvdw.org/mitglieds chaft/mitgliedernews/detail/artikel/studie-zur-effektivitaet-von-videowerbung-teads-pla ttformvergleich-zeigt-relevante-unterschiede/. Zugegriffen: 24. Febr. 2023 .

tom Dieck, C. M., Jung, T. H., & Loureiro, S. M. C. (2021). *Augmented reality and virtual reality new trends in immersive technology* (S. 13). Springer.

Tsai, W.-H. S, Tian, S. C., Chuan, C.-H., & Li, C. (2020). Inspection or play? A study of how augmented reality technology can be utilized in advertising. *Journal of Interactive Advertising, 20*(3), 244–257. https://www.tandfonline.com/doi/abs/10.1080/152 52019.2020.1738292?journalCode=ujia20. Zugegriffen: 22. Febr. 2023.

Vacante, V. (28. Februar 2022). Retrospective: How Lego augments our world. *VR Scout*. https://vrscout.com/news/retrospective-how-lego-augments-our-world/. Zugegriffen: 23. Febr. 2023.

Van Krevelen, D., & Poelman, R. (2010). A survey of augmented reality technologies, applications and limitations. *International Journal of Virtual Reality, Volume, Issue, 2*, 1–20.

Vignali, G., Reid, L. F., Ryding, D., & Henninger C. E. (2020). *Technology-driven sustainability innovation in the fashion supply chain* (S. 158–160). Palgrave Macmillan.

Wade, A. (11. August 2015). Immersive worlds – How virtual reality is shaping our future. *Engineer*. https://www.theengineer.co.uk/content/news/immersive-worlds-how-virtual-reality-is-shaping-our-future/.. Zugegriffen: 24. Febr. 2023.

Wagner-Greene, V. R., Wotring, A. J., Kruger, J., Montemore, S., & Dake, J. A. (2017). Pokémon GO: Healthy or harmful? *American Journal of Public Health, 35–36.*

Wanna. (2022). https://wanna.fashion/gucci. Zugegriffen: 24. Febr. 2023.

Williams, R. (1. Februar 2019). Shakleton Whisky uncaps Shazam-powered AR expedition. *Marketing Dive*. https://www.marketingdive.com/news/shackleton-whisky-uncaps-shazam-powered-ar-expedition/547396/. Zugegriffen: 23. Febr. 2023.

Zanger, V., Meißner, M., & Rauschnabel, P. (2021). Beyond the gimmick: How affective responses drive brand attitudes and intentions in augmented reality marketing. https://athene-forschung.unibw.de/doc/141015/141015.pdf. Zugegriffen: 24. Febr. 2023.

Zappar. (2020). Purina ONE 28 Day Challenge. https://www.zappar.com/campaigns/purina-one-28-day-challenge/. Zugegriffen: 23. Febr. 2023.

Vittoria von Gizycki
Carola Anna Elias *Hrsg.*

Omnichannel Branding

Digitalisierung als Basis erlebnis- und
beziehungsorientierter Markenführung

Springer Gabler

Printed in the United States
by Baker & Taylor Publisher Services